乡村振兴战略下
农业产业发展研究

杨 洋 编著

 黑龙江科学技术出版社
HEILONGJIANG SCIENCE AND TECHNOLOGY PRESS

图书在版编目（ＣＩＰ）数据

乡村振兴战略下农业产业发展研究 / 杨洋编著. --

哈尔滨：黑龙江科学技术出版社，2023.10

ISBN 978-7-5719-2094-4

Ⅰ.①乡… Ⅱ.①杨… Ⅲ.①农业产业－产业发展－

研究－中国 Ⅳ.①F323

中国国家版本馆 CIP 数据核字(2023)第 145147 号

乡村振兴战略下农业产业发展研究

XIANGCUN ZHENXING ZHANLUE XIA NONGYE CHANYE FAZHAN YANJIU

杨　洋　编著

责任编辑	赵　萍	
封面设计	云中阳	
出　　版	黑龙江科学技术出版社	
	地址：哈尔滨市南岗区公安街 70-2 号　邮编：150007	
	电话：（0451）53642106　传真：（0451）53642143	
	网址：www.1kcbs.cn	
发　　行	全国新华书店	
印　　刷	哈尔滨午阳印刷有限公司	
开　　本	787 mm×1092 mm　1/16	
印　　张	11.25	
字　　数	220 千字	
版　　次	2023 年 10 月第 1 版	
印　　次	2023 年 10 月第 1 次印刷	
书　　号	ISBN 978-7-5719-2094-4	
定　　价	68.00 元	

目　录

第一章　理论基础 ·· 1

　第一节　乡村振兴战略 ·································· 1

　第二节　农业产业化 ····································· 6

第二章　乡村振兴战略下的农业产业集群发展 ········· 11

　第一节　产业集群研究概述 ························· 11

　第二节　农业产业集群研究概述 ··················· 19

　第三节　农业产业集群发展的区域化道路 ·········· 40

第三章　乡村振兴战略下农业产业科技园区的创新发展 ······ 68

　第一节　农业科技园区创新能力研究 ··············· 68

　第二节　农业科技园区创新能力形成过程的机理分析 ·· 86

　第三节　农业科技园区创新能力形成的实现路径 ···· 104

　第四节　搭建农业科技服务平台,助力乡村振兴战略实施 ·· 108

　第五节　搭建农业信息服务平台,助力乡村振兴战略实施 ·· 113

第四章　乡村振兴战略下的生态循环农业模式发展 ····· 119

　第一节　概述 ·· 119

　第二节　生态循环农业模式构建 ··················· 120

　第三节　生态循环农业模式运行保障机制 ·········· 121

第五章　农产品服务供应链与品牌价值共创 ··········· 123

　第一节　服务供应链的形成与演进 ················· 123

　第二节　农户认知与特色农产品区域品牌价值共创 ·· 131

　第三节　农产品区域品牌营销 ····················· 136

第四节　基于区块链＋物联网的果蔬农产品供应链追溯体系 … 146

第六章　生鲜电商平台商业模式促进农业产业发展 …………… 154

第一节　生鲜电商模式与发展研究 ………………………… 154

第二节　生鲜电商商处模式的三次变革 …………………… 159

第三节　生鲜电商产业经营壁垒 …………………………… 162

第四节　季节性、区域性生鲜成为各平台争相加入的领域 ……… 166

参考文献 ……………………………………………………… 170

前　言

　　2017年10月,党的十九大报告作出中国特色社会主义进入新时代的科学论断,指出我国经济已由高速增长阶段转向高质量发展阶段,明确了建设社会主义现代化强国的宏伟目标,并首次提出实施乡村振兴战略,在我国"三农"发展历史进程中具有重要的里程碑意义。农业产业化是推进农业现代化的重要途径,是农业体制的创新和生产经营方式的变革,是在巩固家庭联产承包责任制的基础上,把小生产变为大生产,实现农业规模化、集约化、企业化经营的有效途径,也是乡村稳定、农业增效、农民增收的有力措施;扶持、引导扩大农民加快传统农业向现代农业转型,走农业产业化之路,是当前乡村工作重中之重。

　　笔者2021年全程参与了三门峡职业技术学院乡村振兴学院的筹建,乡村振兴学院受到地方党委、政府的高度重视。成立伊始,就确立了以服务和助力乡村振兴为己任,依托三门峡独特的自然禀赋、特色农业产业基础以及"三农"工作实践环境,围绕政策理论研究、农业科技创新、实用人才培养三大重点任务,将地方高校的智力优势转化为发展优势,促进三门峡特色农业提质增效、乡村建设行动深入实施。深化校地、校企合作,促进产学研和成果转化,在乡村振兴的金字招牌引领下,把三门峡职业技术学院打造成乡村振兴理论教育基地、科技成果转化基地、创新人才培养基地、产业教育实践基地、对外交流宣传基地,助推农业高质高效、乡村宜居宜业、农民富裕富足,为全省乃至全国乡村振兴工作提供三门峡方案、贡献三门峡智慧。笔者作为一名长期从事涉农职业技术、技能培训,并多年在农村承担党建指导工作,深感乡村振兴时代背景下,发展农业产业对农村的意义重大。

　　农业产业作为一种新的来自实践的农业生产经营组织形式,它的产生和发展有着其内在理论基础和客观必然性,实践呼唤着理论指导,理论的深化必将加快农业产业的健康发展,编者从农业产业发展的丰富实践活动入手,力图使实践上升为理论,从中探索农业产业的发展规律。

农业要发展,乡村要繁荣,农民要富裕,只能是在改革上寻求突破,在创新上增添动力。本书主要包括以下内容:理论基础、乡村振兴战略下的农业产业集群发展、乡村振兴战略下农业产业科技园区的创新发展、乡村振兴战略下的生态循环农业模式发展、农产品服务供应链与品牌价值共创、生鲜电商平台商业模式促进农业产业发展。本书系统地总结了农业产业化的基础知识、理论成果以及实践经验,深入总结探讨我国农业产业化发展的理论与实践,为推动我国农业产业化跨越式发展提供理论依据、经验借鉴和决策参考。本书内容丰富,结构合理,具有较强的实用性、新颖性和针对性。

本书在编写过程中,参阅了大量专业的书籍和资料,在此对相关作者表示诚挚的感谢。因编写时间紧,加之编者水平有限,难免有疏漏之处,敬请读者在阅读和使用时多提宝贵意见,以便进一步丰富和完善。

第一章　理论基础

第一节　乡村振兴战略

在中国特色社会主义进入新时代的关键时期、全面建成小康社会决胜阶段,为全面建设社会主义现代化国家,解决人民日益增长的美好生活需要和不平衡不充分的发展之间的矛盾,实现全体人民共同富裕、两个一百年的第一个百年奋斗目标,党的十九大报告中提出坚定实施乡村振兴战略。二十大报告再次强调全面推进乡村振兴,坚持农业农村优先发展,巩固拓展脱贫攻坚成果,加快建设农业强国,扎实推动乡村产业、人才、文化、生态、组织振兴。

一、坚持农业乡村优先发展

党的历次全会报告多次提过"把解决好三农问题作为全党工作重中之重"。近二十年来,中央一号文件的内容也都是围绕解决"三农"问题。尤其是党的十九大首次明确提出"坚持农业乡村优先发展",同时,提到优先发展的还有教育与就业。由此可见,十九大报告将农业乡村工作与教育、就业放在同等重要的地位,这是观念上、认识上、工作部署上的重大突破和重大创新,同时将农业乡村放在一起表述也是对"重农业、轻乡村"观念的矫正。贯彻农业乡村优先发展指导思想,要进一步调整理顺工农城乡关系,在资源条件、要素配置、公共服务等方面优先保障、优先满足、优先安排农业乡村,加快农业乡村经济社会等的发展,加快补齐乡村基础设施、信息流通及公共服务等方面的短板。

二、乡村振兴的总要求

2005 年 10 月,党的十六届五中全会提出建设社会主义新农村的 20 字发展方针:"生产发展、生活宽裕、乡风文明、村容整洁、管理民主。"党的十九大报告在这个表述的基础上,提出了乡村振兴战略的 20 字总要求

"产业兴旺、生态宜居、乡风文明、治理有效、生活富裕",无论是内涵还是外延,都扩展升级了社会主义新农村建设的思想,对新时代农业乡村发展提出了更高的要求、设定了更高的目标。

乡村振兴的各项要求之间并非简单的并列关系。产业兴旺使农民生活更富裕,富裕起来的乡村,邻里关系可能变得融洽、争吵变少,乡村公共事务的协商合作也可能因此变得容易起来,当然其中可能也与乡村治理变革有关;富裕到一定程度以后,农民可能开始重视干净的空气、宜人的景观、便捷的城乡交往、适宜的人口密度等生态宜居要素,也更有能力将更多的资源投入到生态环境改善方面,实现生态宜居的要求。另一方面,乡风文明、生态宜居、治理有效也可能推动产业兴旺和生活富裕,乡风文明建设有助于乡村人力资本水平的提升,从而促进农民收入的提高与农业的进步;生态宜居程度提升,可以推动乡村旅游业等产业的发展;社会治理的改善可能会激励乡村精英发挥作用,促使部分精英回流,重新回到生养他们的故乡建功立业,反哺乡村建设。由此,关于乡村振兴的 20 字方针内在的逻辑关系可以表述为,产业兴旺是乡村振兴的基础和关键,只有产业兴旺带动下的生活富裕才具有可持续性,衣食足而知荣辱,富裕起来的乡村更容易实现乡风文明、生态宜居、治理有效这些高级别的社会生活需求,产业兴旺相对于乡村振兴的其他几项要求具有基础性、先导性的意义,是实现乡村振兴的方法论意义的存在,同时也会从治理有效、乡风文明、生态宜居、生活富裕的发展中受益,五者并进形成波澜壮阔的乡村振兴新局面。

三、建立健全城乡融合发展的体制机制和政策体系

针对城乡关系,党的十六大提出"城乡统筹"的路线方针,主要依托政府主导、通过宏观统筹解决优良的医疗条件、教育资源、基础设施等"城市有而乡村没有""两者差距较大"的问题。经过十多年的重大部署及实践推动,我国初步形成了工业反哺农业、城市支持乡村发展的良性发展局面,但是城乡二元分割的结构仍然非常明显,乡村落后于城市,城乡发展不平衡、融合水平不高。在这样的背景下,乡村振兴战略提出"城乡融合发展",强调城乡共生共荣,相互依赖需求;强调打破政府单一主体,依托市场,主要靠市场调节,解决市场作用偏弱的状况;努力破除城

乡二元体制,积极发展乡村要素市场。在专业化不断加深、分工越来越细、城乡之间连接性日益增强的背景下,"建立健全城乡融合发展体制机制和政策体系"的提出,是新时期党在"三农"工作思路上的创新与进一步拓展,体现了城乡一体化发展的新思路,准确地把握了当前的形势,顺应了我国城乡未来发展的趋势。

四、农业现代化

总书记强调,没有农业现代化,没有农村繁荣富强,没有农民安居乐业,国家现代化是不完整、不全面、不牢固的。现代农业是现代化经济体系的重要基础。当前,农业现代化仍是"四化同步"的矮板短腿。党的十九大报告针对如何实现农业现代化,就一些重点方面提出了要求。

(1)构建现代农业生产体系、经营体系和产业体系。

(2)健全农业的支持保护体系,完善各种大宗农产品的定价机制、补贴政策、收储制度,它们将影响农业各类具体产品的发展方向和技术应用。

(3)发展多种形式适度规模经营,健全农业社会化服务体系,培育新型农业经营主体,以期协调现阶段大量的小规模经营的农户与现代农业要求的规模经营之间的矛盾。

五、乡村现代化

农业现代化以前多次被提到过,可党的十九大报告还是提到乡村现代化,其目的就在于协调农业现代化带来的效率提升、可容纳就业机会减少与大量的从事农业人口之间的矛盾,在实现农业现代化的同时需要解决大量的农民的就业生计问题;只有这样,才有全面小康、现代化强国的实现。通过推动乡村一、二、三产业融合,给农民的创业就业开拓更大的空间,创造虽然在乡村,但主要不依赖于耕地的新的就业机会,让农民在乡村新产业、新业态中去就业,让他们有更多的收入来源。乡村现代化就是要全面实现"产业兴旺、生态宜居、乡风文明、治理有效、生活富裕","五位一体"的建设一个都不能缺,最首要的是要实现产业兴旺。

六、深化乡村土地制度改革

习近平总书记指出,新形势下深化农村改革,最主线仍然是处理好农民和土地的关系。党的十九大报告指出,"保持土地承包关系稳定并长久不变,第二轮土地承包到期后再延长三十年",这意味着乡村土地承包关系从第一轮承包开始保持稳定长达七十五年,彰显了中央保护农民土地权益的决心,土地承包期再延长三十年与我国第二个百年奋斗目标的时间节点契合,既稳定了农民预期,又为下一步再完善政策预留了时间和空间。

党的十八大以来,中共中央、国务院出台了《关于完善乡村土地所有权承包权经营权分置办法的意见》,将土地承包经营权再细分为承包权和经营权,实行所有权、承包权与经营权"三权"分置,实现了土地承包"变"与"不变"的辩证统一,为土地流转创造了条件,推动了土地资源的优化配置与规范使用。党的十九大报告提出,完善承包地"三权"分置制度,当下需要继续开展乡村土地承包经营权确权登记颁证工作、探索"三权分置"的多种实现形式,真正让农户的承包权稳下去、经营权活起来,并对现实操作中出现的一些急需解决的问题,如何协调承包农户与经营主体间的利益、进一步规范乡村土地流转过程以保障乡村土地用途的规范性与科学性等做出了回答和应对。

七、深化乡村集体产权制度改革

2016年,中共中央、国务院针对当时乡村集体资产产权归属不清晰、保护不严格、权责不明确等问题日益突出,侵蚀了乡村集体所有制的基础,影响了乡村社会的稳定的情形,发布了《关于稳步推进乡村集体产权制度改革的意见》,旨在通过乡村集体产权制度改革保障农民财产权益,壮大集体经济,调动农民建设社会主义新乡村和发展现代农业的积极性,建立产权关系更加明晰、农业经济与市场竞争更匹配以及社区公共服务更有利于乡村长远发展的基层社会经济组织系统。一段时间以来,取得了一些成绩,现阶段要继续贯彻落实该意见,做好乡村集体资产清产核资工作,摸清摸准集体家底;循序渐进扩大乡村集体资产股份权能改革试点范围,推广有效经验和做法;盘活乡村集体资产,优化乡村各类资源要素的配置、提高资源利用效率,多途径发展壮大集体经济;探索路径方法,赋予农民更多财产权利,明晰各类产权的归属;完善各项权能,激活乡村各类生产要素的潜能,建立与市场经济要求匹配的乡村集体经济运营新机制。

八、确保国家粮食安全,把中国人的饭碗牢牢端在自己手中

解决好我国十几亿人的吃饭问题自始至终都是治国安邦的头等大事,是农业的首要任务。新世纪以来,我国的经济社会结构发生了很大的改变,各类生产要素的供给及价格变化显著,资源禀赋问题不断推高粮食生产成本,粮食的安全与自给问题日益凸显。在这样的背景下,以习近平同志为核心的党中央审时度势,适时提出了“以我为主、立足国内、确保产能、适度进口、科技支撑”的国家粮食安全战略。为贯彻落实这一国家战略,需大力实施、全面推进粮食供给侧结构性改革,提高我国粮食的综合生产能力;实施藏粮于地、藏粮于技的战略,坚守耕地保护红线,节约集约利用土地,大规模进行高标准农田建设,保护提升耕地质量;加快划定和建设重要农产品生产保护区和粮食生产功能区,建立健全主产区利益补偿机制,充分调动地方政府重农抓粮以及农民务农种粮的积极性;统筹运用国际国内两个市场、两种资源,探索粮食进口的合理途径,依照互惠互利的原则发展可持续的、良性互动的国际农业贸易关系;实施藏粮于技的战略,坚持依靠科技进步、科技创新促进粮食生产能力的提高,鼓励粮食领域的重大技术创新和设备研发,做好与粮食生产相关的新机械、新技术、新品种的研发和推广工作,加强生物技术、信息技术等与传统农业的融合,提高农业良种化、科技化、机械化、信息化水平,努力实现我国粮食科技事业从跟跑、并跑到领跑世界的升华与蜕变。

九、健全自治、法治、德治相结合的乡村治理体系

健全自治、法治、德治相结合的乡村治理体系思想是在对地区实践探索进行经验总结与理念提升的基础之上提出的,有着坚实的社会实践基础。自治不仅要求在建构乡村治理机制中体现村民意志、保障村民权益,还要完善村民自治制度,为村民参与治理搭建平台、拓宽渠道、丰富形式,努力激发村民的创造活力。法治要求培育村民法治理念、法治意识与法治精神,通过宣传、培训、教育等方法,村民提高学法、遵法、守法、用法的思想意识和行为自觉,并逐步养成运用法治思维和法治手段化解

矛盾、解决问题的行为习惯。德治要求将道德规范融入乡规民约,让村民了解什么是鼓励做的、什么是不应该做的;营造崇德向善、诚实信用、遵守规则的乡村文化;培育和弘扬地方性优秀道德传统,鼓励以合乎时代特征的表达方式增强村民对其的归属感、认同感、责任感和荣誉感。同时,加强自治、法治、德治的融合,以法治保障自治、规范自治,以德治支撑自治、滋养自治,在法治中体现德治,在德治中促进法治;在自治中实现法治,践行德治;实现民意、法律和道德的相辅相成,自治、法治和德治的互相促进、相得益彰,最终促成乡村社会的善治。

第二节　农业产业化

一、农业产业化的内涵与产生

农业产业化于 20 世纪 50 年代起源于美国家禽养殖业,随后传入西欧和日本。历经 60 多年的深化发展,发达国家已形成了现代农业经营的一体化结构,也积累了大量丰富的实践经验、政策措施和理论研究成果。哈佛大学工商管理学院的戴维斯和戈德堡于 1957 年提出"农业一体化"概念,并出版《关于农工商一体化的概念》一书。在书中,他们将"农业一体化"组织载体称为"Agribusiness"(在我国被译作"农业综合企业""农业综合经营体""农工综合体"),是指将农业产前部门(农业生产资料生产和供应)和产后部门(农产品运输、加工、储存和销售)与农业生产本身有机结合,即实现农业产业链上产供销一体化。其本质是在农业产业链专业分工的基础上,通过产权或契约联合经营各环节主体,形成一个利益共享的经济共同体,从而增强市场竞争能力。加拿大农业和食品委员会(1998)进一步丰富了农业产业化的内涵,指出市场细分、质量保证和制度成本是农业产业链发展的驱动力。在我国,1993 年山东省潍坊市诸城为了解决农民"买难卖难"的问题,提出了"商品经济大合唱"和贸工农一体化的发展思路,提出了农业产业化的概念;在推广中形成"确立主导产业,实行区域化布局,依靠龙头企业,发展规模经营"的农业产业化经营发展思路,这成为我国实施农业产业化战略构想的雏形和萌芽。牛若峰(2006)给出的定义被广泛采用,即农业产业化经营是以市场为导向,以农户为基础,以龙头企业为依托,以经济效益为中心,通过一体化经营,将农业再生产过程的产前、产中、产后诸环节相联接形成的一个完整的产业系统。

农业产业化提出以来,学术界对此做出了多种界定,从有关阐述中可知,虽然学术界各自强调的重点有所不同,但是对农业产业化的本质表述基本是一致的。其共同点主要体现在以下方面:一是农业产业化要以市场为导向,因为市场是优化配置农业资源要素的基础;二是农业产业化的本质特征是实现种养加、产供销、农工贸一体化经营;三是加快发展农业现代化必须以提高农业经济效益为中心。

我国农业产业化顺应了改革开放的时代背景,是在深化乡村家庭联产承包责任制的大背景下产生的,既是由传统农业向现代产业转变的必然过程,也是解决"三农"问题的重要手段。以家庭联产承包责任制为核心的乡村改革和社会主义市场经济的逐步建立,使农户成为经营主体,其积极性得到了充分调动,生产力有了极大的解放,农业也获得了极大的丰收。但是,随着改革的进一步推进,以及市场经济体制改革的进一步深入,这种分散的一家一户的小农经济在经济社会发展过程中逐渐暴露出农户卖货难等一系列风险,农业发展的一些矛盾开始暴露。

(1)小生产与大市场之间的矛盾。在家庭联产承包责任制下的农户所采取的一家一户的家庭经营模式,难以适应千变万化又很不完善的市场经济的发展,表现为主体分散,势单力薄,经济实力脆弱,缺乏信息,无法及时掌握市场需求状况,无力抵御由市场竞争、农产品价格波动带来的市场风险;几千年形成的趋同心理,使其无法在实际生产中"反其道而行之",在生产上往往彼此模仿,造成同上同下,大起大落,甚至是"血本无归"。农业生产不仅延续着过去陈旧落后的商品交换和交易方式,而且在交换和交易时,由于在市场上不平等的流通地位,导致了流通费用高、农业发展速度和农民收入增长趋缓等问题。

(2)农业经营小规模与农业现代化大目标之间的矛盾。2012年中央一号文件认为,现代农业的根本出路在科技。要想实现农业现代化的目标,就要求在农业生产技术、手段、管理、组织等方面有质的飞跃,以提高劳动生产率和农产品的商品率。然而,我国乡村的经营方式属于一家一户的家庭承包分散经营,规模狭小,不利于农业科技和产业机械化的普及、推广和应用,也不利于先进的管理机制在乡村的培育和运行。显然,这会大大阻碍农业现代化的进程。

(3)农业经济效益低与社会效益高的矛盾。农业是国民经济的基础,不仅具有非同一般的经济意义,还具有较高的社会效益及鲜明的政治意义。农业不同于其他产业,具有生产周期长、受一定时期生产力发展水平和市场价格波动影响大的特点,面临较多的自然风险和市场价格风险。农户一般不能或很少直接和市场发生联系,农业发展带来的效益更多地被其他行业和部门分享。农民得不到相对较高的后续利益,更不能分享中间环节在流通与生产转化中所产生的平均利润,导致农业经济效益极低。近几年,农业经济效益低与社会效益高的矛盾日益突出。

全国各地的乡村都在探索解决上述矛盾的方法。总之,农业产业化是 20 世纪 90 年代初在我国发展起来的一种新的农业经营形式,是一种以工业发展的思维发展农业的新理念,其基本形式是"公司＋农户""合作组织＋农户""公司＋合作组织＋农户"和"专业市场＋农户"的一体化经营;其基本特点是生产专业化、企业规模化、经营一体化和服务社会化;其实质是多方参与主体自愿结合的经济利益共同体。

二、农业产业化经营组织主体分析

经济组织发育的一般规律是,首先由原有的独立市场主体缔结契约并建立简单的小规模组织,随着组织经验不断积累,逐渐扩大组织规模,并因此导致组织活动的分工深化或迂回程度提高,经济当中出现专门的"组织"企业或主体,在此基础上各种组织主体和契约形式的"组合实验"不断展开,形成多种中间性经济组织。在农业产业化经营组织主体当中,农产品加工企业和农户显然属于原始主体,而专业市场和经纪人显然属于交易迂回程度加长的派生性主体。

农户是最基本的农业经济组织概念,在人多地少的亚洲国家,农户是农业活动的基本单位。尽管按照舒尔茨理性农民假设,市场经济条件下农户经营、生产行为符合市场规律,但是在我国自给程度较高的农业背景下,农户生产规模的大小对其经营行为及农业经营组织的需求强度有显著的影响。另外,根据洪民荣的研究,农户家庭可分为自给倾向农户和商业倾向农户。通过对研究区域的调查发现,传统家庭承包经营户正在迅速分化,一方面,许多家庭由于劳动力转移,从商品生产户蜕变为生计型小农和自给倾向农户;另一方面,适度规模经营的专业大户、家庭农场等新型农业经营主体正不断涌现,逐渐成为引领当地产业发展的"主力军",但在土地流转、资金贷款、农业技术、产品销售、市场竞争力等方面存在诸多制约。

农产品经纪人是指从事农产品收购、储运、销售以及销售代理、信息传递、服务等中介活动而获得佣金或利润的人员。一方面,农产品经纪人分布分散、地域性强,贴近普通农民。这些特点使得他们能够深入其他经营主体不能到达的偏远乡村,尤其在龙头企业、合作组织等发育欠缺的地区,经纪人承担着组织当地农产品集聚和流通的重要职责。另一方面,一些不专业的经纪人大都是个体色彩浓厚、市场信息有限的中介者,经营规模小,市场竞争能力较弱,有一定的投机意识,在与农户"打交道"的过程中容易发生利益冲突和交易争议。

农产品批发市场是以现货批发为主、集中交易某一类商品或若干类具有较强互补性和互替性商品的场所,是一种大规模坐商式的市场制度安排。乡村产地批发市场是与农户联系最紧密、建立在生产地的农产品交易市场,具有"买本地、卖全国"的集货和分货交易的功能。批发市场的集散模式是我国农产品流通的主要模式。

农业龙头企业是指以从事农业生产资料供应、农产品加工或流通为主,通过各种利益机制与农户相联系,实现农产品生产、加工和销售一体化经营,在规模和经营指标上达到规定标准并经政府有关部门认定的企业,包括国家级龙头企业、省级龙头企业、市县级龙头企业、规模龙头企业。

农民合作组织是指农民自愿参加的,以农户经营为基础,以某一产业或产品为纽带,以增加成员收入为目的,实现资金、技术、采购、生产、加工、销售等互助合作的经济组织。合作组织对农户的约束主要依靠凝聚力,农户与合作组织之间并没有正式契约的约束,因此,合作组织的内部治理、发育程度和经营管理能力受到与农户关系的重要影响。根据结合紧密程度,可将农业合作组织划分为专业协会、专业合作社和专业联合会。其中,专业合作社和专业联合会与社员的紧密联系程度较高,专业协会和社员的紧密联系程度较低。

上述各个组织主体之间通过不同形式的契约进行组合,便形成农业产业化经营组织,大体可以分为企业核心组织(典型如公司＋农户等)、农户合作组织(典型如各种农民专业合作社)、区域性专业市场、经纪人交易模式,其中前两种属于显性契约治理模式,后两种属于隐性契约治理模式。以农户分散的直接市场交易作为基准,这四种组织形式显然是典型的中间性经济组织,不同的是各自位于从企业到市场"组织谱系"的位置,从接近企业一端排列,依次是企业核心组织、农户合作组织、经纪人交易模式和区域性专业市场。

第二章　乡村振兴战略下的农业产业集群发展

第一节　产业集群研究概述

产业集群具有极其长久的历史,早在手工业时期就已经存在,同时在手工业发展历程中产业集群更是非常突出的一种现象。"工业革命之后,产业集聚更是蓬勃发展,换句话来说,能够产生现代工业城市就是产业集群的杰作。"当今民众看到的产业集群是针对传统城市大工业来说的,这里主要是指"乡村小工业的集聚",或是"城市边缘新兴产业群落的快速崛起"。第一个所列举的如意大利北部地域的纺织业集群、日本大田、德国巴登、中国浙江、中国珠江三角洲的许多地域(顺德古镇灯饰产业集群、东莞厚街家具产业集群)等;后者就像美国西部硅谷的 IT 产业集群,印度的班加罗尔,中国的苏州、昆山、台湾新竹等,以及各类科技园区和开发区等。

当今,全世界已经有了非常多的优秀产业集群模范。"比如美国加州的葡萄酒业集群、日本汽车产业集群,尤其要说的是瑞士。瑞士不单在钟表业界拥有产业集群,还有很多别的产业——纺织机械业、化工医药制造业、食品制造业、银行业、保险业、旅游业,这么多产业的产品为全世界服务。"以纺织机械业为例,瑞士在这个行业的产出能力甚至超过经济规模高于它许多倍的英国和德国,加上分布在国外的一些子公司,因此,它的纺织机械产品稳居全世界最高位。中国国内经济较发达的省份,也正是依托产业集聚效应,才取得了经济上非常大的优势。在广东,产业集聚效应比较突出的一些行业包括玩具、食品、服装、电子、家电、陶瓷等。例如,玩具行业非常著名的中小企业群坐落在汕头市澄海区潮州,为全世界第一的晚礼服生产基地,东莞的虎门镇是女装生产基地,南海的盐东镇是内衣生产基地,中山的沙溪镇是休闲服生产基地。

由上可知,集群就是一定数量的紧密生长在一起的同类事物或人的聚集。对产业集群的定义有许多,比较得到官方认可的是相同的产业高度集中于某个特定地区的一种产业成长现象。在许多国家的区域研究文献中,运用了多种与产业集群类似的称呼,如"产业群""区域集群""产业区"等,这主要是因为研究视角不一样而产生的名称不同。在国内,广东地区的专家对"中小企业集群"这个称谓的使用非常多,但在江浙一带更习惯于运用块状经济的讲法。

产业集群涵盖两个特点:位置相连性和产业关联性,位置相连性是说构成产业集群的各主体在空间上是在一起的,产业关联性是说构成集群的各主体之间是互有联系的。产业集群的特点是在集群内部各主体之间的互相联动,如协同效应、网络效应、合作创新、知识溢出和外部效应等产业集群各个主体之间互有联系的影响。波特认为,产业集群实际上有着一种合作与竞争的相互关系,合作与竞争每每立于相互交易的基础之上,目的是大力促交易,减少交易成本,提高交易质量。位置互相连接不单单是对交易主体之间相互了解、增加互信、加强合作十分有利,同时方便了解竞争对手,明白对方也明白自己,创造一个良好的竞争气氛。由此得出,地方相互连接可为产业集群的互动开拓更加便捷的通道,同时产业关联性是集群内部互动的基础。产业集群互相联动并非单单说集群内部互动,更是集群内企业与集群外企业以及集群与集群内成员之间的合作与较量。与传统规模经营和产业环境优化理论相比较,产业集群是组织经济拓展的新路径。

产业集群里面拥有自运行系统和较完善的机制,通过这些系统和机制,集群中的公司相互竞争和合作,同时经价格调整与网络连接更能使集群中的公司互相合作,这可让此集群拥有有力、延续的竞争条件。这些起重要作用的机制有以下几方面:

第一,专业分工互相补充机制。集群中的单位企业经专业化分工,建立起联系十分高效的产业链条合作。集群的专业分工跟传统分工是不一样的,是一类将集聚经济做主导、将好的社会资金条件当前提的区域分工。集聚经济是将集聚成气候的经济与集聚区域经济一起协同来构建的一类组合经济,这能减少集群中各单位的投入,能生成"联合需求"，建立大区域性专业化的生产与服务，互相补充，增强相关行业的发展，并提高企业之间与企业本身的分工水平。社会资本可以通过支持协调方式来增强社会的信任、规范。其存在于每个人之间、群体间和组织之间各个层面中，成为一类拥有生产性的实际或者预估资源的汇总，是产业集群具有竞争力的十分关键的条件。

第二，合作竞争机制。产业集群中拥有很多公司企业，同时也会有激烈竞争，也能产生各类合资共营。经长时间合作，因未来利益思考，以可预见性与可依赖性的原则，公司企业间建立起一个将信任作为前提的合作竞争体系。信任作为守护产业集群的竞争合作规矩、自身内里的准则，是加强企业相互的聚集力的关键。此类机制的基本特点为互相帮助、团体协作。经此类合作方法，中小单位能在培训、金融、技术研发、产品设计、市场营销、出口、分配等方面，产生高水平的交流互动与合作，弥补集群中单位企业规模不大、经济能力不强的弱点。这样的转变升级使企业可以跟更强的竞争企业对垒；能通畅信息交流，增强观念、知识与技术的传递，缓和经济效益中的劣势，降低交易难度，使其整体效率得到提升；有利于企业创建战略盟友与伙伴关系，开展适时适度的专业化生产；同行企业在地域上聚集在一起就有了竞争压力，让技术增进、生产工艺水平提高等创新行为大量增多。

第三，交易费用机制。产业集群的地区汇聚与社会文化的特点对交易资金的降低很有帮助，集群企业的地域距离短能减少企业互相间合作的交易投入，然后于再次交易中，还能降低全面交易的成本。集群企业的经济交流合作存在于当地社会脉络里，单位企业和单位企业、人和人互相合作建立于同样的社会文化大背景与相同的价值认知中，能降低经济活动的不可预知性。在信任和承诺的前提下，独家企业失信与违反合约的代价特别大，会让这家企业直接遭到集群全部企业的集体惩戒，此可降低贸易中不诚信事件的发生概率。而且，在一定范围内汇聚了相当数量的水平相应的同种单位企业，能让企业较容易地于本地找到代替的、同水平的贸易合作企业，建立代理人多元化组织，加大谈判力度，降低和解决由于资产专用性而有可能发生的机会主义投机。

第四，技术扩散与共享机制。"产业集群于技术传递与分享点上拥有无法替代的好条件，产业集群为有关企业于地域上搭配集聚，可以很好地形成知识与信息积攒效应，以供产生创新的关键基础。"地域上的距离近，让集群里企业专项技术保密投入十分不菲，但学习投入不高，学习别的企业的技术非常便捷，技术与信息交流形成一种互相有利的形势。因产业集群之中有很多组织关系，足量的专业的知识与信息就很难仅存在企业里，企业会自然而然地将质量监管、设备完善、生产工艺流程设计、新产品生产方式、新技术信息、新产品研发科技等相通到别的企业里，尤其是从大企业传播到中小企业，这就生成了一个超市场的技术传播情况。产业集群里，这类超市场的知识与科技传达改变了市场经济里技术拓展的产权障碍，可以增强集群中知识与技术的积攒，加快各种类型知识的交流，同时提升集群创新水平与竞争实力。

第五，创新机制。产业集群里面的单位企业，在彼此竞争的同时互相学习，让合作创新、增强地区竞争力成为整个产业集群共同的目标。希望创新、谈创新会逐渐形成一个独有的创新制度，鼓舞集群企业持续向着增进新知识与开拓新技术方面发展。根据实际情况而言，产业集群能创新有三个原因，即企业相互的合作、交换思路、营销网络。在同一片地区，因为企业在距离上互相并不遥远，企业家在通常的商业协作与沟通时，能直观地了解别的企业最新的生产营销模式与创新路径。其一，企业经理在这些经营管理信息、技巧与知识外通的情形下不断受益；其二，同时也将自身的经验持续累积并提高自身的能力。如此，企业家们互相了解，互相沟通，能在区域中建立一种创新的外在条件。并且，在多变的专业化分工境况中，有相当创造力的优秀工人在运用多功能机器时，可以持续创造新产品与新生产模式，也能加快产业集群中的持续创新。此类创新机制让集群中的公司企业拥有更加有利的竞争条件。

第六，文化的向心机制。地区里的工商业老模式，当地的人文风貌、文化传统，劳动力的知识能力、心理素质，主导的价值观、社会风俗，社会关系脉络等社会资源让集群里的企业在一个模式或一个方向的文化条件里能够沟通学习，之后融合成一样的思维模式、处事模式、同种文化来聚合成一股向心力量。此类文化的向心机制，足以引领集群中的人们来分工合作和创新研发。意大利中小企业集群能快速拓展的关键是，区域具有以诚恳和互为依托为内涵的产业文化。

"中国西部因为受历史、地理位置、传统文化等情况的制约,比较东部来说,在经济和社会发展上存在很大水平的差异,可西部区域地理资源十分多样,生态环境没有经受很大的毁坏,经济和社会发展还有相当大的发展空间。"经过改革的深入、社会的发展、制度的革新,在西部大开发的战略进程中集聚经济很有希望迎来快速发展。现在,西部地区的经济社会发展综合竞争力不强,其中显示为经济总量较少、实力不够,产业组成欠规划,经济绩效不足,工业化发展迟缓,产业集群不多,市场经济拓展很不好,基础建设羸弱等。所以,西部区域完成经济升级就必须要完成工业化。

西部地区区县经济发展迟缓,工业进程与城镇进程程度不高,经济水平低下,中小企业是区域经济提升和产业拓展的必需要素。西部大范围区域于改革开放后经济的发展大大低于中国东南部沿海地区的发展,出现这个情况,关键一点是中国西部特别多的中小企业的拓展相对来说有些落后,此为中国东西部经济拓展变化加大的重要因素。根据国家信息中心、国务院发展研究中心、国家统计局等部门共同调查发现,如今,随着市场化改革的增速,经济水平越高的地方,中小企业这个群体的增加越迅速。为加快地方经济与县地经济的发展,在西部大开发当中,西部地区相当多的地方政府均将加快中小企业的发展作为提振当地经济发展的关键部署,但是由于中国中小企业集群的建立,打破了传统中小企业发展本来的竞争模式,这样非集群中的单位企业在竞争中占不到有利地位。集群外面的中小企业在快速提升的市场经济系统里,渐渐没有了市场,也许其可以努力坚持继续存在,但向前拓展就变得非常不易。就西部区域来说,工业化和城镇化是不能不说的经济发展进程。单位企业集群的建立与工业化发展有着十分大的关系,工业化发展加快了企业集群的建立,同时企业集群的建立也帮助了工业化发展,互相推进,相互支持。企业集群可以增加本地企业的竞争能力,提升当地的经济水平,加快工业化发展,增加中小企业的竞争力。

产业集群就是运用独有的集群效应特点,让产业在地区里集中化、网络化与根植化,增强产业竞争能力与区域影响力,加快产业组成整合,提升西部区域经济总体水平,提升就业率,增加创收,加快乡村工业化和城镇化进程。

因此,建立产业集群对西部地区区域经济提升有着巨大的推动作用。中国拥有现代产业水平的企业集群大多为近20年建立的。改革开放之后,中国南方省份临海地区就是因为中小企业的快速发展,有了分门别类、各有特色的中小企业群专业化分工、专门化生产、网络化合作,逐渐显示出规模化成效,减少了投入资金,增强了全面竞争力,加快了地区经济快速提升。西部地区拓展企业集群对提振工业化发展十分有帮助,加快西部地区中小企业的迅速发展,提高西部一些小单位小企业的自身能力,吸收乡村富裕劳动力,将乡村劳动力实现从农业向非农业转移,不仅可以增加农民的收入,还能加快乡村向城镇化拓展,同时也改善西部乡镇企业从前"村村点火,处处冒烟"的粗放型乡村发展模式,维护了生态环境,增强了经济可持续发展。可以说,产业集群是一个很好的区域经济建立和企业拓展的方式,是西部区域加快提升地区全面竞争力的重要途径。

当今,西部地区贸易水平较低,经济情况欠佳,市场经济拥有生产要素的功能还无法全面高效地发挥作用,当地政府支持西部地区产业集群的建立与拓展,在实际中不但有着必要性,同时也有可能性。当地政府不仅具有法律赋予的行政权力,同时有着比社会上更多的可使用的生产资料,政府机构与部门还拥有十分高效的网络与通道,在生产资料的运输、配给、调动、协调等方面都可以实操实作。比较当中,西部区域社会群众的中介整合能力不够,因为产业集群里的单位企业能力不够强,产业集群建立进程中的服务中介与本行业组织未组建起来。因此,当地政府就要承担起加快产业集群建立的重要任务:其一,建造市场,建立市场经济规则,给中小企业打造优质的贸易拓展条件;其二,帮助甚至带领社会群众、协会进行沟通协调,加快企业集群的建立。如此,可以克服在市场成长不够成熟的情况下,产业集群自身在形成与发展中也许会带来的更加高昂的机会成本的弊端。所以,地方政府扮演的是加快西部地区产业集群建立与拓展的角色。

"随着中央向地方下放财权和事权,国有企业的产权地方化以及陆续实行的财政改革,使地方政府成为本地公共产品投资的主要组织者和地方经济活动的主要决策者和管理者,地方政府已经成为相对独立的行为主体,具有独立的经济利益和分散的决策权。"而且,当地财政收入的提高,取决于当地政府组织经济开发的成绩与当地经济的增长情况。就是因为地方政府经济与财政权力的增强,经济才能全面发展,而且发展本地经济、加大本地财政资金的任务,营造了地方政府主动进取地发展本地经济的良好氛围。在产业发展引领经济蓬勃与向着经济效益不断迈进的目标下,当地政府一定会把加快产业集群建立与拓展当作加快地区经济发展的主要途径之一。

一、国外研究现状

马歇尔(1890)首次比较系统地阐释了产业集群理论,他从新古典经济学角度出发,把经济规模分为内部和外部两种,提出产业集群的致因是企业对外部规模经济的追求,开创性地研究了产业集群的内涵与外延。熊彼特在《经济发展理论》(1912)中特别强调产业扩散中技术创新和企业家精神的重要作用。韦伯在《工业区位论》(1929)中首次提出聚集经济概念,认为企业聚集与否取决于所带来的好处和所付出的成本之间的比较,他把产业聚集过程分为低级和高级两个阶段,把产业集群的形成归结为市场化、技术设备、劳动力组织、经常性开支四个因素。胡佛(1948)提出了产业聚集的最佳规模,并把规模经济区划分成三个层次,依次递增表现为区位单元、联合企业体、产业聚集整体。佩鲁的增长极理论(1950)阐释了产业聚集的极化效应和扩散效应。20世纪70年代,各主要资本主义国家普遍陷入经济发展滞后的境地,以巴格纳斯科(1977)、皮埃尔、赛伯(1984)为代表的学者在研究"第三意大利"的基础上,着重研究了中小企业在产业集群中的竞争合作关系,创立了新产业区学派。迈克尔·波特在《国家竞争优势》中(1990)提出了"钻石模型"分析框架,并阐述了生产要素,需求条件;相关及支持性产业,企业战略、企业结构和同业竞争的表现等四个基本因素。意大利东北部地区依托中小企业产业集群,在20世纪70年代西方经济萧条时期却逆势增长,发展势头良好,被社会学者巴格纳斯科称为"第三意大利"(要素条件,需求条件,相关及支撑产业,企业战略、结构与竞争)和两个附加要素(机遇和政府)之间的关系与内在逻辑,重构了全新的区域竞争经济理论。克鲁格曼(1991)十分关注企业间能量化的市场联系,他引入空间经济思想,运用规模报酬递增为分析工具,建立了中心边缘模型,深层次地揭示了产业聚集的内在形成机理。安德森(Andersen)(1994)对传统的熊彼特主义进行了深入分析,对创新关联和国际专业化进行了探讨。D.艾利克斯·霍恩(D. Alex Hoen)从理论角度对群进行了研究与分类。J.弗农·亨德森(J. Vemon Henderson)、茨马拉克·沙利兹(Zmarak Shalizi)和安东尼·J·压纳布尔斯(Anthony J. Venables)(2000)从地理与经济发展的角度对于为什么产业会集群以及新集群如何形成和脱离集群的后果等相关问题进行了深入剖析。D.诺曼(D. Norman)和安东尼·J·维纳布尔斯(AnthonyJ. Venables)(2001)对于世界经济范围内产业集群的规模和数量等问题进行了深入探讨。藤田(Fujita)和帝斯(Thisse)(2002)从公共部门实施土地政策和税收政策方面对产业集聚的影响进行了深入分析和研究。Orjan Solvdl(2003)从全球集群调查角度出发,对集群是一种个性化的市场经济现象做出分析,并解释其种类较多,运行机制也不尽相同。安德生(Andersson)(2004)指出了集群的方法、创新的体系方法与三重螺旋方法之间的相互联系。Drabenstott(2005)分析指出美国对于国家层面的集群政策一直处于回避状态,而且,大多数州政府都较早地尝试了用集群方法发展区域经济。魏保罗(PaulWaley)(2009)对东京独特的发展模式进行了分析和探索,总结出工业化进程不仅可以带动城镇化,而且政府关于产业集群的相关政策将会导致人口与经济呈现聚集状态。Ynichi Kimura(2011)分析了越南北部地区造纸加工厂演化过程,并且指出政府出台的集群政策会使乡村大量劳动力和生产资源聚集,因而,推动产业集群的形成,不仅增加了人均总收入,而且促进了经济快速增长,对于城镇化建设具有不可替代的作用。

二、国内研究现状

国内对产业集群的研究始于 20 世纪 90 年代,王缉慈的《现代工业地理学》(1994)较早地引介了新产业区概念和理论,并结合我同区域情况的典型案例进行了实证分析。李小建(1997)从企业基本单位出发,阐释新产业区的形成过程,并提出界定标准,包括规模结构、联系程度、根植性等。仇保兴(1999)立足生态学的角度,重点研究了小企业集群的内涵、形成机制、主要特征。叶建亮(2001)从知识溢出角度分析了浙江省的企业集群,施纪平、张仁寿(2003)关注技术扩散对产业集群的影响,郑胜利(2003)倡导集群经济条件下的企业技术创新活动,姚先国(2008)着重研究了网络资源与集群企业绩效提升的相关性。唐杰(1989)首先在国内构建了CES产业聚集模型,并对天津市产业结构进行了聚集效果的测量和评估;汪炜、史晋川、孙福国(2001)、王慧(2004)分别运用该模型对杭州市和河南省进行分析评价,吕晓英、吕胜利(2004)在该模型的基础上加以改进,纳入固定资产为主要变量,增强了模型解释能力和适用范围。王朋飞(2006)以青岛电子信息产业集群为例,对产业集群的发展阶段进行了研究;周涌(2011)研究了常州农业产业集群发展;丛瑞雪(2012)研究了山东寿光蔬菜的产业集群案例,并且实证研究了产业集群对于城镇化进程的推动。方崇辉(2012)以黄岩模具产业集群为例,对产业集群发展中的地方政府作用展开研究;周勇(2013)基于农业产业集群研究了地理标志品牌建设。阮建清(2014)对产业集群动态演化规律进行深入研究,构建了动态演化的三个阶段。柳州(2015)从"互联网＋"角度对产业集群进行了升级研究。黎文飞(2016)对产业集群、信息传递与并购价值创造进行研究,深化了人们对于并购价值创造机制的认识。宋华、卢强(2017)对虚拟产业集群的供应链金融模式进行了深入研究,并且基于云计算、大数据等技术,运用案例进行分析,对供应链金融理论有一定的拓展作用。王节祥(2018)对双平台架构与产业集群进行了研究,从而为实体经济和互联网深度融合研究提供了样本参考。

第二节　农业产业集群研究概述

一、农业产业集群的形成原因

农业产业集群之所以能够形成,主要是因为单一个体经营已经满足不了市场的需求,必须联合起来才能够发挥最大的效能。最开始和集群相关的解释出自经济学家亚当·斯密,他认为分工是经济增长的始源,而且分工水平又会受到市场规模的制约。人口基数不大且生产经营分散是乡村地区最突出的两个情况,这些直接造成乡村市场没法大面积拓展、原材料和成品运输消耗成本高与交易时耗费的各种成本升高的经济情况。所以,在乡村家庭中的手工类小规模市集不能支撑发达而又细致的分工经济,因此产业集群机制研究常常发生在城市中。并且,经济产业集群现象非常难在乡村形成是因为乡村各种受先天制约的现实条件抑制了分工,从对美国20世纪城乡经济发展落差变大的研究中得到了集群经济不易在乡村形成的看法。

由于市场规模不大和生产经营不集中,所以有必要在乡村运用集群发展战略来解决其先天不足的弱势。实际上,产业集群情况在乡村地区十分常见,也对当地的经济有很大的促进作用,如佐治亚州北面的地毯产业集群和密西西比河的鱼类加工产业集群等。虽然产业集群大部分存在于乡村,可其对乡村经济的关键性在发展产业区集群时未得到相应的重视。对乡村地区产业集群的定性研究显示,其与城市集群的结构组成和驱动机制是不同的。乡村的产业集群表现出"小生境"的形式,从理论经验来说,产业集群在城市和乡村都是存在的,可产业集群在城市和乡村的形成、发展和运行机理却并不一样。农业产业集群想要拥有更多优势资源,一定要展现出"小生境"的情况,就是要开拓出适合自己生存的产业集群市场、竞争环境市场、自然环境优势、国家政策等一系列背景条件,而"小生境"的形成对开创乡村其他的产业经济起着助推器的作用。总之,农业产业集群要走出自己的特色,这条特色之路一定是与城市产业集群不一样的。

如今,中国经济发展成绩斐然,经济总量持续增加,人民生活已经全面达到小康水平,经济每年都保持较高的速度稳定增长。但收入分配差别加大还没有从根本上改变,城乡贫困人口和低收入人口依然有非常大的数量,农业基础比较弱、乡村发展滞后的情况仍存在,城乡二元经济结构也依然存在。减小城乡、区域发展的差别和促进经济社会协调发展的任务依然十分艰巨。这些年来,国家一直在增加农业扶持的投入,其中对农业税、医疗、农业补贴、乡村金融、教育等扶持的力度展示了国家改善目前农业状况的坚决态度。但"三农"的相关问题,单纯地依靠补贴、帮扶的方式并不能从根本上得到解决,一定要探寻一种以农业为主体的、国家和地方政府为帮扶和引导的模式：全面拓展乡村本地的资源、劳动力的优势利用点，发展农业产业集群的相关理念，通过乡村产业的全面资源再配比，招商引资，发展以农业基地为中心、多种有关企业全面进驻一起创造利益的集群经济，实现农民在农业经济发展中的主导地位，使农业经济与经济体系全面链接，在根本上改善多年以来农业经济水平低下的情况。

农业产业化集群是在地域位置上比较接近的区域内部，农业与有关联行业相互支持的组织综合体，所以农业产业化集群也具备普通产业集群的基本特点。但是农业产业化集群还拥有不同于一般产业集群的基本特点，即同时拥有农业生产的技术特点和农业产业化拓展发展中的组织化特点。从现今典型的农业产业化集群发展历程来看，农业产业化集群就是从普通向高级不断发展变化的过程，其依靠的组织形式也处于持续发展、不断变化中。所以，在一个国家农业产业化的进程中，主要根据本国农业产业化发展的特点，选择和其适应的产业集群模式，让此产业集群模式可以更加全面地促进这个国家农业产业化的发展，是加速农业产业化进程和提升涉农产业参与国际竞争，并以此来提升竞争力的合理道路。

有特色的农业产业集群一旦形成，相关产业和部门都会受到经济外溢的影响，获得更高更好的发展机会。此类竞争最重要的是规模经济优势、交易成本优势、区域品牌优势、技术创新优势。国外很多地区拥有相当具有特点的农业产业集群模式，如美国中西部的玉米产业集群、荷兰中南部和西部威斯兰地区的花卉产业集群、法国波尔多的葡萄酒产业集群等。在中国很多地域也有很独特的农业产业集群，如山东寿光蔬菜产业集群、甘肃定西马铃薯产业集群、宁夏中宁枸杞产业集群、河南漯河肉类产业集群、浙江安吉竹产业集群等。这样的特色农业产业集群的快速高质的拓展，让这个地区的农业有了显著的竞争特色，成为当地的重点产业。全世界拓展特色农业产业集群的先进经验印证，一定要与区域农业实际相适应，利用农业的地域优势，走特色农业集群化发展的道路，这就是加速拓展现代农业的有效途径。农业产业集群形成的根本性动因是单个企业为了在竞争中获得更大优势而与性质相邻的企业共同合作以在市场上形成一种合力。这种合力的优势主要包括：产品种类多、交易成本低、产品质量优、创新空间大、合作品牌效应佳。

"协调分工机制的使用要适应实际，农业产业集群就可以在企业制度和市场规制不完善的情况下，增强分工能力。这类生产组织形式在不太发达地区有重要作用。究其根本原因，是因为在分工网络联系的产业集群基础上，可以运用竞争机制减少交易资费。随着产业集群中吸纳的企业增加，市场交易成本减少，地区内部企业的竞争力会增强，这样可以使更多企业主动加入这个集群，并且会制约其他地区的同类产业集群的产生。"这类产业集群往往具有这些特点：

第一，产品种类多。农业产业集群内的成员企业相互联系、相互学习，原本一种原材料、一个企业只能加工成一种农副产品，在形成合力之后，原材料种类没有发生变化，但是每个企业之间可以相互合作，生产出更多种类的农副产品，这就大大提高了企业的产能。企业的产能提高了，就会增加企业的收入，现在的产品已不再是单个手工作坊所能够满足的，单独一家手工作坊并不能满足经济效益。当今，国家出台了大量的促进农业增效、农民增收的政策，如何增加农民的收入已成为一个重点问题，但在城镇居民收入不断增长的对比下，农民增收速度不快的情况还不能够得到高效实际的优化处理。从市场供给这一点来看，使农民收入变多的一种高效方法就是要以达到市场需要为方向，拥有各类的农副产品，拓展农副产品的消费市场，以此改善农业提高效率，达到农民增加收入的目的。以与这个时代的发展理念并行的方式来发展农业产业集群，生产优质的产品，最终达到增量增效。要想规避为了提高经济效益却未重视生态环境保护的缺陷，规避因为全开放管理型的生产经营导致的农业资料过度使用，一定要运用当今时代发展的思维来发展农业产业集群，看重环境与社会、经济协调发展，依照农业生态系统内各个物种共存、物质再利用、内部资源更全面更多利用的生态学原理，适应当地实际情况，让当今时代科学技术与传统农业技术互为配合，拓展生态农业。还有，精准农业是现代农业拓展的新趋势，它的突出特点是全面使用精确分配，精准农业运用的方法是增强当地地域信息系统、遥感、全球定位系统等技术的研究与运用，结合智能农业机械、作物生长机理和外在的实际情况。最后要增强竞争实力,用资本运营运作的理念来拓展资本农业。这样,产品的质量会越来越好,还要加快与国际接轨,为农业产业集群获得持续竞争力提供资本保障。

第二,交易成本低。农业产业集群内的成员企业之间由于在一个集群里,大幅缩短了交易时间,有效地提高了交易效率,还降低了交易成本。这是因为:其一,由于社会生产力的提高,各个领域专业化分工也变得非常细致,农业公司和别的公司发生贸易,以得到需要的产品和服务。公司相互的交易次数一直增加,交易成本在公司生产经营成本中的百分比也增加。同时,因为公司相互的贸易成本含有不低的区位成本,公司企业在地域上距离更远,交易次数更多,交易成本会更高。就农业产业集群来说,因为邻近农产品生产基地,公司互相的地域相近优势能减少交易成本。其二,在农业产业集群里,农民与农业作为依赖本地社会环境的要素存在,公司和公司互相的协作绝非单单因为一种利益,还基于共同的社会价值观。人们彼此相信,相互理解,地方社会环境的形成和发展一定是以非常好的信任为根基。若针对交易效率来说,地方社会环境形成完整区域对公司相互信任而继续合作有好处,能促进交易的达成。地方社会环境形成一片完整区域也能减少企业探寻市场资讯的时间和成本。所以,由于地方社会环境形成完整区域使在信任根基上的交易变成合作,能大幅提升交易效率,减少交易成本。形成农业产业集群,才能高效率地抓住市场需求,而且可以减少空间成本。"农业要向前进步,存在的重要障碍之一为资讯的难题,以农产品组成与售卖路径的思考分析,信息对于农民加大收入是特别重要的。可乡村公司绝大部分因为和信息中心非常远,收到信息不容易、时间漫长,同时收取资讯的价格不菲,使得企业与大部分农民总是丧失特别多的合作机会,而产业集群会给各个公司企业准备好精确高效、成本价低的信息通道和了解方式。"

第三,产品质量优。农业产业集群形成之后,各企业之间彼此合作,彼此竞争,形成了一种良好的产业模式,在这种模式之下就会形成一家更比一家强的态势,从而在此集群内的企业生产出来的农产品质量会越来越优,产品质量是企业的灵魂,这种模式下质量大幅提升,如此反复进而形成最优的循环。促进专业化也是使产品质量达到优质的一个因素。

在农业产业集群内,各家企业争相生产产品,提高本企业的专业化,大量引进专业技术人才,企业生产越来越高标准和严要求,得以进行现代化运作。而且市场对优秀产品的需要量逐渐增大,这为专业化生产提供了良好的发展条件,而逐渐提高的专业化水平使产品的质量更上一层楼。农业产业集群已是增强农业竞争力、引领农民增加收入与带动乡村经济发展的高效架构方式。市场需要是企业持续前进的原因,也是带动企业发展的缘由。市场需求是所有经济运作发生的根本原因,市场需求为经济活动的产生与发展提供了非常大的力量。同时,很大的市场需求是农作物集中一起栽植的准则。农产品价格的上下走势确认了农业自身具有特别大的不确定性,若可以探知到一个固定、长期没有大的波动的需求市场,农牧民完全就能安心地有计划地大范围种植养殖。"集群是一个给予产品或者服务的经济团体,市场需求的产生成为它起始和增加发展的必需前提,同时市场需求越旺盛、越挑剔,对集群的出现与发展来说越是好的情况。意大利和法国的酒业集群的产生和这两个国家共同拥有质量要求高和需求特别大的市场不能分开。现今,中国由于市场需求而产生的农业产业集群仍不多,发展方向不宽。"

第四,创新空间大。农业产业集群的创新空间与方向更多来自农副产品创新背景和企业互相创新的空间大。一是农副产品创新资源的空间大。农副产品创新资源包括人才、资金、技术、产品。从人才资源讲,农业产业集群将各方面高级人才聚集在一起,企业吸纳人才的途径越简单快速,人才越容易在集群内部获得工作机会,是因为集群内拥有特别多的岗位。从资金讲,农业产业集群能使投资者探知农业产品发展情况,了解分析企业的发展目标和未来境遇,更加放心地把资金投入企业。同时,农业产业集群也使投资者寻找投资机会更为方便。因此,农业产业集群更容易获得投资者的资金,从而比单个企业发展前景更为广阔。从技术方面来看,产业集群可以全方位地引进先进的技术,不再是单一企业单一引进,而是大批量、大宗的技术引进,这样有利于农业产业的发展。总之,产业集群能够让集群中的企业得到各类创新资源,对企业快速拥有其需要的资源来进行优化配比有着很好的环境条件。二是企业之间创新空间大。集群内的企业虽然在一个集群,但是它们彼此是竞争与合作的关系,竞争就会产生优劣,处于优势的企业为了巩固优势而不断创新产品、革新技术,处于劣势的企业会不断地改革技术、努力创新,力争在不断的竞争中占得优势,这样,良性的竞争就会使创新不断推进,在集群内部形成一套规范的创新体制,从而使创新空间不断扩大,增强整个集群的创新力。"技术创新种类能分成发明家型、实验室型以及创新网络型。创新网络型创新,意思是大部分企业与机构之间合作来进行产品创新或工艺创新。此类创新方法很适用正处于拓展前期的企业,一家企业能和几家企业一起加入研发,用花费不多的成本来获取技术创新而得到的成果。政府在技术创新里也起着特别的作用,政府能以增加科研预算的方式促进开发新品种,以增加新品种来提高地区中农产品类别的质量。区域内农产品科技水平的增加肯定也增加了农民的收入,让集聚种植得到加强。"

第五,合作品牌效应佳。农业产业集聚不断扩展,得到更全面的发展,将有规模地创收经济利益,让当地的农产品在技术、品种、数量、质量、价格方面竞争力一直增强,渐渐有了品牌效应。单一企业品牌很难凭一己之力走向市场,农业产业集群将多个企业整合形成一个合力,这个合力能够促进企业品牌的产生,将品牌打向市场。同时,以网络形式的销售渠道,通过合作共赢来争取市场上的最大利益。因为农作物受土壤环境、气候环境、自然条件的影响,农产品的质量会有许多不一样的优劣,所以,建好集群以后的品牌效应的农产品可以让更有实力的企业源源不断地加入进来,共同感受这个品牌所拥有的资源优势。伴着进程的发展,集群网络持续增强,品牌效应越来越强,慢慢形成全部的集群品牌,越来越多的企业建立集群后能同时增强广告宣传投入,建立全面品牌。在宣传方面,单一企业发布广告花销不菲,往往造成浪费,产业集群中的众多企业通过合理开展广告宣传,能使每个企业都受益,并且比单个企业单独宣传更具有说服力,广告效应也会更长久。

建立农业产业集群产业区是增强农业产业化竞争力的一个顶级方式,是一种竞争型的农业产业化,同时从产业化与农业产业集群相较思考中交流了农业产业集群的机理。"农业产业集群是多维的、网络型和立体的,它着重每个步骤的专业化分工和合作线性网络——农业产业化里单独企业建立一套产业链,每套产业链互相交流不足且合作不佳,农业产业集群是因许多套不一样的串联模式相接其相应的产业链,每个链条间相互依托一起合作,建成有机网络体系并集聚了农业产业化的线性突出点。相较农业产业集群的网络特性来说,为打散各自的一体化营销与专业化分工,农业产业化着重一体化经营,农业产业集群着重产业互相打散与专业化分工。"对农业产业化和农业产业集群的思考能得出,多维、网络、集聚和专业化分工是农业产业集群形成的机理合成要素,所有机理存在的意义绝非单单拓展了产供销一体化的每个作用,同时还使得集群中每个产业建立起有机的网络体系,从而形成产业互相纵向与横向的分工,提高了生产效率;而且,也集聚了专业化的人才资本、技术资本与投资主体,对产业和产品技术创新十分有帮助。

二、农业产业集群的形成条件

农业产业集群是农业产生于人类世界并且得以建立的确定方向,是一种优化资源配置的有利方式,它的形成与党和国家的政策倾斜密不可分,是市场经济顺势发展的必然结果,是资源整合的重要表现形式,是社会经济文化发展的重要体现,它始终伴随着配套服务和基础设施完善应运而生。建立农业产业集群是增强农业区域竞争力而具有十分优势的发展道路,对当地经济情况改良有着举足轻重的较强正相关作用。并且,农业产业集群也能通过集约经营,增强农业的规模效益,加快乡村的城镇化、工业化进程。农业产业集群的实现主要得益于以下方面:

第一,社会政策倾斜。中国为农业产业集群建立的大量促进政策对农业产业集群的建立有着很好的作用。主要表现为以下几方面:一是制定农业扶持政策;二是提供技术支持、人才输入;三是制定农业产业集群中长期发展战略;四是发展生态农业,既要金山银山,更要绿水青山。政府利用自身宏观调控的优势,从当地的地理环境特点与市场供需情况出发,在全面形成农业产业集群中起到了增速与促进的作用。独立单位公司因为多种资源制约,无法最大限度地满足市场,所以生产、营销各个方面都有着相当的不确定性,而政府能削减这种劣势。政府以宏观调控给企业提供好的政策,把更多性质相似的企业拉入一个共同圈里,给这些企业技术支持、人员输送、销售渠道,让这些企业形成一个蓬勃向上的态势。

第二，市场经济的必然结果。市场经济（又称为自由市场经济或自由企业经济）为一类系统，在此系统中，产品与服务的生产和营销全部由市场的自由价格机制来引领，并非跟计划经济一样来让国家指导完成。市场需求是农业产业集群形成的必备条件。稳妥稳定的同时，巨大的市场需求为农作物形成连片播种的条件。农产品营销价格的不确定性使得农业经济包含相当的风险性，俗话说的"靠天吃饭"就很好地解释了这种不确定性。若当地拥有一个固定长时间的供需市场，就能让农民安心地投身农业生产。在市场经济的今天，大量的市场供求为农业产业集群创造了优越的生存与发展的条件，同时也有不断增加的压力，让企业在创新、技术、人员上不断精进，有力保证了农业产业集群的竞争活力。集群的形成更是为农产品的销售提供了一站式服务，使农民更加放心，这样就会有更多的企业加入集群中，从而发展壮大。

农业产业化是现代市场经济条件下实现农业现代化的必由之路。"有序推进农业标准化、规模化、组织化、产业化、信息化、专业化，在加快发展现代农业进程中，产业化可以说是重要载体、主要抓手、紧要环节。由于市场经济的发展和农产品的种类增多、量产增大，农产品市场随卖方市场缓步向买方市场逆转，这个转变就使得农产品市场的竞争增强。"要想在互相竞争的过程中生存下去并占有优势的位置，企业就必须采用分工与合作的办法：其一，独个企业有必要跟相关企业产生合作互利的伙伴关系，一起运用这部分相关产业所提供的服务、信息、技术等，组建整体性经营，来降低生产产品的盲目性，投资市场直面销售；其二，用农产品做加工、销售、运输或研发的有关企业或机构也迫切想和独个的企业形成长期稳固的合作模式，这样能确保得到市场供给的农产品，同样科研等机构也可拥有高效的研发或服务。农业产业集群的建立给这种分工和合作方法提供了保证。通过农业产业集群中的每个单位的共同协作，可在农产品的研发设计、市场营销、人力培训和金融服务各个点上，拥有高效的网络化合作，形成集体行动的相互机制，使信息的交换更加便捷，改善知识和技术的分散局面，减少合作流程上的制约，以增强集群与个体的市场营销能力。

其三,资源整理集合地体现重点。农业产业集群的建立常常与特别的资源条件、地理优势共存。一个农业产业集群在形成初期,各个资源是分散的、单一的,各个企业手中都掌握着独特的资源条件,将这些资源大力整合,就形成了资源整合体。资源整合体中的企业共同利用每个企业的资源,为了得到更大的利益而发展成为产业集群。农业产业集群区域也拥有良好的自然条件,集群内部物资丰富,企业各显身手,吸引更多的大型企业参与其中,更加充分地利用生产要素。在开创农业生产的过程中,缺少启动资金一直都是关键的限制条件,如何高效地利用国家和社会多个层面的农业投入就显得十分紧要。每个相关单位必须合理搭配,一起合力做事,增强资金合作、综合利用的程度,在现有的各项支农资金投入方向比较确定的条件下,依照"统筹规划、明确分工、各负其责、加强配合、规范管理、运转高效"的方针,增强每个单位的协作与各类资金的统筹规划,寻求一条投资稳妥的道路,加强政府支农的宏观调控水平与程度。

其四,社会经济文化开创的显著呈现。社会资本是农业产业集群促成与成立的重中之重。农业产业集群中,社会的链条线以资本渗透、长期合作的合同与协议、企业信誉、人际关系、传统习惯等为纽带联结而成。因此,社会经济文化的发展对农业产业集群的形成具有重要的影响。第一,社会经济文化的发展使得人民生活水平提高,对于产品的要求越来越高,使得企业之间不得不建立起紧密的合作关系。这种合作关系可以适应市场需求,适应消费者需求,也可以使企业得到越来越多的生产要素,提升企业拓展水平,促进农业产业集群的建立。第二,社会经济文化的共同认可感,可加强企业内部的凝聚力,促进形成人员的合力,进而促进农业产业集群的有力发展。

不同地域的农业产业产品由于区域发展历史、地理位置、资源分配等不同,形成了特有的农业加工产品,经济文化的设限让特色农业产业集群自动建立。尽管这种形成受到新兴技术、改革创新、资源引进等多方面的影响,但由于当地农业传统文化所形成的地域品牌效应,使相关产业在该区域集聚,且蓬勃发展,如洛阳的牡丹产业,就具有地方特色和文化传承特征。

其五,与之相适应的服务与基础建设日臻加强。相适应的服务和基础建设的日臻加强能为企业带来保障,能促进农业产业集群的建立。政府在产业集群的配套服务和基础设施完善中发挥主导作用,金融机构、服务类行业、技术设施、交通、教育等都属于配套服务和基础设施,这些基础设施建设如果滞后就会制约农业产业的快速发展。俗话说"要想富,先修路",政府在改善交通、水利和通信等民生方面起到了重要的作用。政府在集群中发挥自身公共管理的主体优势,敦促各个职能部门在集群中搭建民生平台,加强企业与职能部门的联系,让相适应的服务与基础设施高效发挥作用,所有相适应的服务与基础设施能为集群的建立提供强有力的保障,同时,作为加快农业产业集群建立的必需前提,其也有利于集群的长远发展。"公共物品存在特殊性,经过市场行为不容易被高效提供,但公共基础设施也是限制产业成气候的关键所在。很多质优品高的农牧产品没有成气候生产,未冲出当地的小市场,交通的制约是一个十分严重的障碍。"加强政府对公共基础设施的投资,能够加强提升本地竞争力和可发展性。第一,加强公共基础设施建设,减少企业的运营投入,让集群中的单位和集群外的各个公司都能有较为便利的竞争条件;第二,企业集聚拥有的成气候生产,也会让公共基础设施的发展更加完善。

三、农业产业集群的发展路径

我国农业生产很长一段时间都受到"规模小、经营分散"的家庭联产承包责任制的限制,没法与发达国家农业自动化生产、专业化生产、规模化生产和集群化生产的现代农场相比较,处在全球农产品贸易市场中的不利位置,经济效益落后。从 20 世纪 90 年代起,中国农业政策开始重视农业产业化的规划发展,但是农业产业化重点在产业数量上扩增,却未重视产业规模、技术等的增加,农业生产从业者尽管可以依赖持续加大规模来提升效益,但没法得到比较多的经济利益。为提升中国农业生产效率和加强中国农产品在全球的竞争力,农业产业集群在此时开始建立。农业产业集群是我国综合国力提升、农业经济水平达到一个阶段的必然趋势。由于中国农业经济开发的持续向前与国家政策的配套实施,中国也渐渐有了定西马铃薯产业集群、新疆棉花产业集群、云南花卉产业集群等现代化农业产业集群。因此,农业产业集群化就是中国开发现代农业的未来趋势,这对农业生产转向现代化、转变农业生产模式和农业生产思考模式、开创科技农业具有十分重要的意义。

较落后地区农业经济的主要特征是经济发展水平相对较低,大多从事农产品的初加工,主要是以家庭手工作坊为主。在经济较落后地区培育和发展农业产业集群是实现由家庭手工作坊形式的农业聚集向现代农业转变的必经道路。所以,要想达到农业的产业化和现代化,一定要结合各地不同的产业条件,把相关的产业集群化,实现农业产业共同发展,增强地方农业的市场竞争力,促进地区经济又好又快发展。

第一,促进一、二、三产业融合的政策是农业产业集群发展的方向性政策。

根据国家政策法规,完善工业、商业资源进入农业的相关政策,根据产业融合的动因理论,放松制约和降低进入集群的条件可以促进各大企业进驻的欲望,促进各个产业融合发展。如今,我国已有大量工业、商业资源开始逐步进入农业产业,但是出于粮食安全、耕地保护、农民利益和环境保护等方面的担忧,工业、商业等企业从事农业生产活动仍受到许多限制,工商企业无法在一个地区形成稳定的发展,制约了一、二、三产业的相互融合、共同发展。因此,对于工业、商业资源到乡村发展产业集群的情况,应该遵循注重"疏导"、减少"严堵"的原则,各地农业发展应出台相关政策鼓励和引导工业、商业资源,以便一、二、三产业相互融合。共同研发新品种、新技术,在生产服务、农产品加工、储藏、物流、销售、品牌建设等领域形成大的产业集群,同时也要强化工业、商业资源进入农业后的各种管制,保证乡村土地、农民利益等不被侵害。

要想一、二、三产业融合互动,就要打破单一家庭手工作坊式的农业生产模式,过去的土地、资金、人才政策将无法适应现代农业集群的需要。例如,建立以休闲娱乐为主的农业产业,就需要酒店、游乐设施、生活服务设施等配套设施,这就需要占用更多的土地,甚至要占用耕地,面对我国18亿亩耕地的政策红线,这种单纯地向土地要发展的模式会面临较大的政策难题。而且,农用地上的附着物一般不能用于抵押贷款。现有的人员培训方式和人才引进策略也无法满足一、二、三产业相互融合的需要。所以,应设计开发一些项目来促进和激励一、二、三产业的相互融合,能够实现一、二、三产业相互融合的项目可以优先拿到土地使用权。同时,增加农业技术培训经费,支持成立"农民大学""田间学堂",有针对性地培育各类一、二、三产业融合急需的人才,实施"技术人才下乡"计划,为人才开辟绿色通道,采取各种灵活方式引导各类人才向乡村流动。地方高等院校应充分发挥乡村振兴的政策优势,通过成立乡村振兴学院,回应社会的发展需求。截至2022年12月,河南省18地市都已经通过依托当地职业院校等挂牌成立乡村振兴学院,借助乡村振兴的旗帜,发挥地方高校的人才高地、智力高地优势,组织科技特派员参与乡村产业发展;发挥教育的作用,在招生、人才培养等过程中有意识地引导,为乡村未来发展积蓄一大批"懂农业、爱农村、爱农民"的人才,让未来农业发展后继有人。

当前的政府机构和财税政策是按照传统的产业分类配置的,一、二、三产业融合互动将会导致大量不同产业间的互通,所以应及时完善政府机构设置和相关财税政策,用以推动产业集群的发展。为此,应组建更具执行力和协调力的政府机构服务于一、二、三产业融合互动,整合农业产业化组织、农副产品加工、休闲娱乐为主的农业、农副产品售卖等涉及农业产业领域的政策扶持,以促进农业产业集群的发展。对促进一、二、三产业融合的企业给予各种税收的减免,政府应从本级财政中列支促进一、二、三产业融合互动发展的专项资金,对涉及农业产业集群发展的各类项目中需要得到水电、通信等基础设施建设、农业产业集群基地建设、产品储存、物流工厂等配套设施、品牌建设与质量把控、人才培训和引进等方面给予财政补贴和各种支持。

推动生产技术和商业发展模式的创新在不同产业间的应用和普及,可以创造新的市场需求或激活潜在市场需求,降低产业间融合互通的成本,简化供应程序、管理方式,加快产品供应速度,改善服务水平,更好地满足用户消费体验和产品需求。与此同时,商业发展模式的创新和应用可以更高效地将生产技术投入转变为经济效益产出,降低新技术导致的市场不确定性,将不同产业间的技术融合演变为产业融合。所以,农业与其他产业的融合互动也需要借助技术和商业模式创新。然而,现阶段,我国广大乡村地区新技术和商业发展模式的普及还远远不够,为此,不仅要继续支持新兴信息技术和生物技术产业的创新能力建设、知识产权保护、科技成果转化,还要借鉴国内外先进经验,允许商业发展模式创新的企业申请成为高科技企业,享受相应优惠政策,并发展一、二、三产业融合互动商业发展模式示范产业,扶持、宣传和推广示范工程。同时,通过政府支持和激励,移动互联网等新技术和电子商务、定制服务、物流等新型商业发展模式在乡村普及,并不断开展面向农民和农民工的新技术和商业发展模式宣传教育,向乡村用户补贴宽带费用,物流快递企业加快开展乡村地区业务、建设配套物流厂区,并且给予政策支持,将农业产业集群互联网化作为乡村信息化的核心。

扶持农业产业集群与农业综合合作开发,加速促进农业产业集群建立一、二、三产业相配套相融合的优质的市场条件,产业集群能借力集聚条件与市场相融合,让产业融合不单单能产生产业集群,有的产业融合会放大或加速市场竞争时生产要素的创造力,并鼓励专业化和投资。然而,我国农业生产仍以分散经营为主,尽管中国各省市创立了许多农业产业园区,可这些园区的单位企业多是各自为营的销售方式,互相联系不强,只是地理位置意义上的集合,并未产生比较有效的产业集聚效果。因此,要加快产业集群的发展,把生产要素向有条件的产区汇集,创立集群化农业种植基地,依照产业集群体系建立各种农业产业园区,采用相关产业一起引资模式,改善农业产业集群里每一个产业不一样的发展要求。按照"政府引导、企业为主"的模式,在产业园区中打造农业产业集群整合组织,一起规划产业集群开发方向的方案,使集群中单位企业互相联手,建立集群交流文化氛围,一起申请政府资金,拓展跨区域、跨国往来生意,强化产业集群品牌营销管理。

第二,品牌战略是农业产业集群发展的首要路径。一个优秀的品牌战略能够带动整个区域产业发展,加快一片地区产业集群的建立,是农业产业集群可持续发展的重中之重;实施"绿色、共享、发展"的品牌战略,是农业产业集群及现代农业的必然走向。建立当地特色农产品资源的区域品牌是形成农业集群化开发的关键。在国内外竞争日趋激烈的农业市场环境下,建立绿色农业品牌策略是世界各个国家提升农业品质、高效配置农业资源、增强农业经济利益的不竭动力与发展的源泉,也是提高农产品市场竞争力最有效、最重要的途径。

如今,区域经济开发渐渐呈现产业集群化,很多专家认为应该有农业产业集群的地区品牌化创立、对产业集群的农产品地区品牌化理念的思考,在产业集群的前提下,以农业产业化为基础,将一片行政或者经济地区作为轴心,建立适合当地的全面整合的优质农产品和支柱品牌,引领大部分农业企业与农业劳动者,加强地区农产品核心品质,增强此地区的经济开拓。在工业品生产中,产业集群的品牌化应用广泛,迈克尔·波特采用"声誉"或"名声"一词概括产业集群发展所累积的集群整体品牌形象,强调"集群不仅降低交易成本、提高效率,而且改进激励方式,创造出信息、专业化制度、名声等集体财富",同时"每个集群总是在持续不断地提高某地在特定领域的声誉,这一行为使得买者转向卖者集聚地的可能性更大"。所以,农业产业集群不单单组成乡村经济发展的框架脉络,也是这片地域增强竞争力的强有力的方式,其能把外部经济、规模经济等联系起来,进而拥有产业竞争特点。产业集群以其规模优势、专业分工和协调发展表现而拓展的各项优势,在整个行业内形成强大的竞争力。

如今,品牌在各个行业都是能力水平的证明,创立农业产业品牌是大势所趋。现代农业产业品牌不单含有地区质量认知,还包含产业集群的市场定位。产业集群是农业产业品牌创立的前提,唯有创立产业集群,才能提升整个产业的水平,提升其价值,吸引更多尖端人才和技术支持,构筑具有更强竞争力的产业集群。从产地到品牌再到产品的农业产业集群品牌模式必须依托政府、农户和企业的三方共同协作,政府主要推广地区宣传,企业致力于品牌建设,农户通过精耕细作和技术革新让产品更加优质。政府协调好农户、企业的关系,通过集群内部的自我审验检查做好产品质量工作,企业做好品牌的创立宣传工作,三方共同配合,将地区品牌做响做亮,引领企业产品品牌化,最终创立具有影响力、品牌名号响亮的农业产业集群品牌,让农业产业发展持续向前。

第三,"互联网+"战略为农业产业集群建立的展望。

"核心企业+全产业链增值"的创新路径是指具有带链竞争能力的核心企业通过产业链的纵向延伸和横向拓展,将全产业链上各环节业务单元网络化聚合起来,借助互联网技术,整合现代农业科技、信息、金融等现代服务业,建设涵盖生产、加工、物流、销售等方面的全产业链服务体系。在重点单位企业的带动下,老模式开发方式中的乡村合作社、农业支柱企业、农产品手工业行业等模式的营销体在这个系统产业链的各自岗位上体现出自己的能力,组成高效的衔接配合。这类经营体能使重点单位企业成为创新途径上最为基本的资源,它们不仅在这个系统产业链条中选择自己所求的需要,也可为整个系统与系统上别的企业带来自身所具有的服务,能促进整个产业链每个链接资源的完善,让产业链中的服务变得更为细化,提升整体服务水平与效率。

在整个产业链最高端的大范围播种、园艺建设、畜牧业水产养殖业的历程中,农业合作社的劳动者必须改变生产模式,形成一个"购买者需求什么再生产什么,购买者需求量是多少再生产多少"的理念,依照市场而定产品,经过大力宣传农业订货生产,处理生产面对的优秀产品不能以较高的价格卖给消费者的情况。为增强高品质农产品的市场核心竞争力,产业链最高端的生产者依托核心企业拥有的"互联网+"智能化、便利化等方式,大幅度提高农业生产方面的水平,加快生产营销模式的完善。全新的营销方式不仅可以为生产者带来更多层次的、价格有优势的农业生产要素运输服务,而且还能为他们带来农业知识、人才引进宣传、乡村用地等服务。

以农业支柱企业引领的产业链中间阶段——加工交流为例。农业支柱企业依照国家改革的目标,降低无用产能的资金,完善农产品供给侧发展的构成。整个产业链上的大单位大企业利用市场改善机制,把产业集群里的生产资料优化组合。许多大企业从以前单一地增加市场规模,转变成利用自身特点,建立农产品深度加工与运输的整体化工厂,塑造一代具有特长的技术人才,在行业里遥遥领先,创立全行业的模范。企业自带农产品加工运输系统,完成自加工商至服务商的变化。

以每个产业联盟引领的产业链终端——消费阶段为例。全部产业链终端能够依赖产业协会,使用电子商务不仅可以创立营销通道,在市场里形成配合,同时也为有关企业成员提供综合整理后的信息、政策、质量、融资等服务。运用电子商务让协会合作更加方便,使用大数据整合准确找到客户群所在,依照消费者的需要来引领农产品的生产和销售,完成农产品无剩余,从根本上改善产品目标不清楚、产品剩余的情况等。政府出面监管电子商务联盟产出产品的质量,整体达成农产品质量从产地可追踪的目标,敦促农产品生产劳动者提高农产品品质,形成诚实有信用的营销意识,增加高品质农产品市场知名度与占有率。

农业互联网服务为"平台生态圈＋中小企业集群"创新道路形成提供科技能力基础。对于产业链阶段而言,生产环节的初级农产品的质量检测相对较为容易,也最容易被加工企业忽视。运用互联网的信息集成、远程控制、数据处理等农业物联网服务,可以从源头上杜绝任何存在质量缺陷的初级农产品进入流通环节和消费市场。采取的具体措施包括:一是大面积种植过程中的准备、生产、收货环节都将基于互联网技术,对土地使用、施肥插秧等均使用智能化、高效化、现代化大型农业机器等实现精确定量生产,并与水土资源、农业资金补贴、大数据结合,实行农业产品质量、安全、生产、产能监测监管;二是在畜禽业、水产养殖业、农业设施等领域,建立严格的农业产品质量保障机制,进行农业产品生产的全程质量监控,建立终身追责制,保障农业产品质量绝对过关。

农业乡村的互联网使用效率较低,基础设施不完善,给"互联网＋农业产业链"的发展造成了一定的制约。政府需要整合利用已有的资源,着力突破各部门、各行业、各企业之间的诸多障碍,由政府牵头,农业产业有关企业、行业商会、产业联盟等多方参与,实现全面的农业产业信息化和网络化,选出最为优质的农业生产基地、加工物流基地和对外销售基地,作为"互联网＋农业产业链"资源配置的示范区域,提升全产业链信息系统互联互通和业务互通。农业科技服务需要在优良种子的选取、生产规模化的扩大、农业智能化普及上持续加大支持力度,提高农业生产效率;在农业信息服务上,需要及时准确地把握产业链各环节的生产、管理与经营信息,提升全产业链运营的决策水平;在农业金融服务上,完善农业金融服务支撑体系,优先筛选链条上有能力、有潜力的资金需求者,为其提供及时的、全方位的资金支持。

第四,特色农业战略是农业产业集群的特色路径。

特色指的是经济发展的地域性、独特性和差异性。特色农业则是在农业发展的新阶段提出的一种新的发展思维与发展模式。特色农业是指在特定区域与资源优势条件下,通过发展与市场经济相适应的特色农产品与农业多功能服务,形成具有明显特色、有很强市场竞争力和显著经济效益、有一定生产规模和产业化程度的农业生产与服务体系。比如,三门峡市特色农业综合发展规划就是农业产业集群的特色路径。

(1)黄金苹果产业带规划:首先,是黄金苹果产业带规划。苹果产业是我市特色农业当中最具代表性的领域。经过综合判断,我市依托地处全球北纬35度黄金苹果产业带的巨大优势,具备生产黄金品质苹果的可能性,并且已经在全国形成了知名度,获得了广大市场的认可。基于此,规划提出了我市未来苹果产业的总体定位是全球北纬35度高山黄金苹果产业带,未来五年的发展目标是总体的苹果种植面积缩减到130万亩,之所以要缩减,是为了减少不适宜发展高品质苹果的区域种植面积,确保整体的黄金品质。与此同时,高山苹果种植面积增加到50万亩,苹果相关的三次产业总产值达到200亿元。为了实现这样的定位与目标,规划提出了苹果产业"三品一环"发展战略,这里的"三品"指的是品质、品种、品牌,"一环"指的是大苹果产业生态闭环,未来"十四五"期间将在这几个方面重点发力。在此基础上,规划提出了"十一大工程,四大保障和一张蓝图",明确了未来苹果产业发展的具体举措。

(2)中药材产业规划:中药材产业规划当中同样分析内外部环境。基于分析,规划为我市中药材产业提出了建立全国优质中药材创新产业融合区的发展目标。之所以是这个定位,原因在于根据中药材产业的发展规律,产业链后端的深加工和交易的价值更高、前景更广,因此,对于中药材而言,一、二、三产业融合是十分重要的,应当是我市"十四五"期间努力的方向。

为了实现这样的定位,在中药材产业规划当中提出了"三大战略、八大工程、四大保障、一张蓝图"。这里的"三大战略"是针对中药材产业的三个产业环节,分别是第一,提质战略,一产种植这一块要在稳量提量的基础上,提高整体品质,开展更多的道地认证工作。第二,招引战略,二产深加工这一块争取招引优质中药制造企业。对于中药材的深加工来说,我们认为前景是十分广阔的,这个战略也应当作为中药材产业发展的重点。从去年开始,国家禁止在兽药和饲料当中添加化学抗生素以后,直接催生出一个数百亿元的植物抗生素市场。如果我市能够抓住这样的重要机遇,积极引入中药材深加工企业,将有望打造成为世界级的植物抗生素中心。第三,打造战略,这里主要指的是打造市级的中药材交易中心,为植物抗生素深加工企业提供大量、稳定的原材料保障。

(3)食用菌产业规划:第三个特色农业是食用菌产业。依托得天独厚的先天条件,随着扶贫的深入开展,我市食用菌产业规模已经达到了全省第二名的水平。但是整体来看,还是存在产量大而质不优、种植强而两头弱的问题。针对这样的问题,规划提出"全国优质食用菌产业一体化标杆"的定位。这个定位的意思是说把食用菌的种植和食用菌的研发、食用菌的加工交易这两头连接起来,实现一体化的优质发展。基于此,规划提出了链条式三大战略:加强前端投入、完善后端建设,以及严控中端品质。这里的加强前端投入,主要是学习庆元等先进地区,打造三层次品种体系,强化品种的选育。对于完善后端建设,一方面要深化深加工环节,这个环节是我们和全省第一的西峡有差距的主要地方;另一方面,要在交易上,特别是出口上发力,开展"卖全球"工程。对于严控中端品质战略,主要是针对种植环节当前品质良莠不齐的问题,通过控制菌棒供应体系、出台三门峡市食用菌种植标准等方式,严格控制品质。

(4)蔬菜产业规划:最后一个特色农业领域是蔬菜产业。蔬菜产业在我市起步是相对比较晚的,但是凭借着独特的高山条件,现在已经在夏秋蔬菜上取得了一定的成绩。针对这样的特色优势,规划提出"中原高品质蔬菜新标杆"的定位。具体来说,未来五年的发展要做三个方面的事情:首先,保本地供应,这是我市重要的民生工程。这里最重要的是提升设施率,以此提高整体产量。争取引入优质蔬菜龙头企业,深入推进和江苏绿港的合作,并继续招引龙头企业。其次,创高质特色。优化特色品种,大力发展适宜高山种植的蔬菜品类,并且强化高山蔬菜育苗优势。另外,培育蔬菜品牌,也是要建立统一的区域品牌,并在品牌的基础上,牵头对接高端市场,比如说香港、上海等市场,积极拓展新的渠道,比如高端超市、线上新零售等。最后,建产业体系。建设服务体系工程,建议在园区能力、科技服务能力和蔬菜信息平台上发力。建设标准化体系和安全溯源体系以及建设体验业态项目等。以上是全市特色农业"四一一"战略中的"四"个特色农业领域的发展思路。

第五,创新战略是农业产业集群发展的必经之路。农业产业化经营组织创新,一方面,表现为各类农业企业节约成本、增加效益、优势互补,为增强企业竞争能力、抵抗风险能力和可持续发展能力,而努力扩大生产和追求经济效益;另一方面,表现为各类农业企业之间为增强互助协作和互联网作用,更好地对接市场增强竞争优势,而采取的产业链一体化行动。农业企业的创新,往往表现为集聚化、专业化、社会化、网络化相结合的新型农业企业经营的形成和发展。集聚化发展,有利于解决农业产业化过程中联系不紧密、生产松散、创新能力差等问题,也能够使企业之间互相联系,节约成本,提高技术,加大产出。强调专业化,有利于更好创新,促进农业产业化经营,更好地实现节约成本、增加产能、降低产业风险,但也对生产和服务提出更高层次的要求。注重网络化发展,是在构建新型农业企业的过程中,将普通的生产销售转变为大规模的网络渠道销售。

影响农产品产业化经营的因素复杂多变,参与者众多。在深化农业企业创新的过程中,不同农业企业面对的共同问题是如何越来越强,形成集团式规模。按照曼瑟尔·奥尔森对集体行动逻辑的分析,小集团比大集团更容易组织集体行动,相容性集团组织集体行动需要提供有选择性的激励——对集体的每个成员区别对待。当大集团是小集团的联邦时,有选择性地激励更容易组织集体行动。借鉴这种思维方式,为了强化农业产业化经营的创新模式,必须对农业产业化过程中的核心企业提供激励机制。发展农业产业化的过程,实际上也是农业产业链不断深化、产业之间互联互通不断深化的过程。随着信息技术的发展和产业链深化、产业之间互联互通更紧密,不同农业企业之间的联系会从单一联系转化成网络联系,核心企业在农业企业中的整合、协调作用更为关键。在深化农业企业创新的过程中,要增进不同农业企业间的互联互通和合作,要形成农业产业化行业协会或产业联盟,特别是农业产业化集群和产业区的发展取得一定的成绩,往往是因为这些产业集聚地组织内部各个企业之间的资源、能力得到有效发挥和互通。核心企业具有更大的社会责任意识,正如许多学者对产业区的研究所揭示的,制定新的产业区政策,应承认领航企业的主角作用,促进价值链向国外开放,并鼓励中介机构的创新。当新型农业产业企业出现互联网发展趋势时,更要注意培育能够发挥新技术、重用高端人才的核心企业。

第六,物流和信息服务是农业产业集群发展的一个路径。

加强物流和信息服务,建立健全物流服务体系。独立的、有资质的物流、信息公司在农业产业集群发展中具有十分重要的作用:首先,有利于农业产业集群整体化发展,形成快速的市场信息交流,保证供应的及时性。其次,减少整个链条上的资金投入,提高企业竞争力。再次,能够使乡村剩余劳动力动起来,使农业产业集群成为提高农民收入的重要途径。农业产业集群不是单独、孤立发展的,必须有一个完善的物流服务及配套设施体系,包括:其一,各种规范的咨询和中介服务机构,如管理、技术、信息、人才、财务、金融、法律等方面。其二,完善的创业咨询服务中心,依托大学、科研机构和高新技术企业,组建能够为产业集聚提供技术的咨询平台。其三,教育培训体系,提供高精尖人才的保障。同时,根据不同企业的不同发展阶段和不同业务范围,提供相应的服务,为促进产业集群发展提供良好的发展基础。最后,完善集群中间产品市场体系,强化各企业间的互联互通,打通互联网销售。

根据农业产业集群的内部构成以及物流产业在集群中的重要地位,农业产业集群物流支持可分为两方面:一是农业产业集群中心的物流,二是农业产业集群周边的物流。农业产业集群中心的物流,是指在农业产业集群中主导农业产业的重点核心企业,以及与其在同一产业链上的农产品供应链与第三方物流服务商共同组成的农业产业集群的最中心部位。这主要源于农业产业集群的产生与发展主要是多个单一的家庭手工作坊形式的企业围绕一个主题整合而来的,随着农业产业集群的升级和跳跃农业产业集群内部分工的细化,农业产业集群企业物流方面会选用第三方物流商,让其与农业产业集群企业合作,成为农业产业集群生产链条上不可或缺的一部分,共同为农业产业集群的中心部分服务。农业产业集群周边的物流,是指农业产业集群物流周边的配套设施,这也是共同服务于产业集群内部不可缺少的部分。

第三节 农业产业集群发展的区域化道路

在对现代农业区域化发展道路进行深入分析时,主要围绕以下三个方面进行阐述,即农业产业集群区域化演进的原因与挑战、农业产业集群区域化演进的未来趋势、农业产业集群区域化演进的基本策略。

一、农业产业集群区域化演进的原因与挑战

随着社会不断进步,经济发展水平逐步提高,推动区域内农业产业集群快速发展是目前农业发展所要解决的首要问题,区域内农业产业集群发展相较于其他产业所表现出的竞争优势已经被普遍关注。在我国产业转型过程中,产业集群的发展趋势是一个不断延展、不断提升的过程。面对这个发展实际,在我国农业产业区域化发展进程中,分析其演进的主要原因及面临的挑战,能够帮助我们分析现阶段我国农业产业发展的模式选择,为新时代中国特色社会主义农业产业集群的发展添砖加瓦。

(一)农业产业集群区域化演进的主要原因

1.合理利用资源,发挥农业产业的优势

为了满足群众对粮食的基本需求,新中国成立初期,我国实行了高度集中的计划经济体制,然而在这一时期,因为对资源的开发和利用不合理,导致长期以来农业产业处于难以形成区域化的现实窘境之中。直到 20 年后,人们在不断的摸索中认识到遵循客观规律的重要性,政府果断放弃了"以粮为纲"的生产政策。农业产业区域化开始逐渐形成。东南沿海地区曾因其独特的自然优势为"南粮北调"做出了巨大的贡献,改革开放后,由于外向型经济的发展,粮食产量开始逐年下降,全国的粮食重心开始转移至华北平原及东北平原地区,这两大地区的经济虽不发达,但劳动力却十分丰富,随着时间的推移,逐渐形成了"北粮南运"的格局。

2.培育和优化市场,凸显区位优势

市场通过价格机制的作用进行资源的优化配置,它对农产品的生产和发展起着决定性的作用。河南省土地资源丰富,气候适宜,地质条件

多样,各区县都拥有具有地方特色的名优产品。在传统名优产品快速发展的同时,河南省各区域积极变革发展思路,力求在增加特色产品的技术含量上,在培育新产品时,从提高产品的质量上下工夫,目前已形成了一定数量的、拥有市场竞争优势的特色产业。其不但拥有优质强筋小麦、中筋小麦、优质粳稻、优质饲用玉米、绿色奶业、平原奶业、中原肉牛肉羊、瘦肉型猪、豫北肉鸡、豫南水禽、扶沟和中牟无公害蔬菜、灵宝和洛宁无公害果品等一批传统优势农业品种;另外,而且所属各县乡农副产品各有专长,如新郑的枣片,信阳的茶叶和板栗,鄢陵的花卉,焦作的地黄、山药、牛膝和菊花,禹州的中药材,中牟的大蒜,驻马店的芝麻,许昌的烟叶,开封的西瓜,西峡的袋料香菇,三门峡的苹果,淅川的小辣椒,其中上蔡的花木、汝南的蔬菜、确山的板栗、原阳的大米、新蔡的养鹅业等在全省乃至全国知名,为河南省特色农业发展提供了优越的现实基础。

由于改革开放的实施,畜牧产品市场快速发展,加速了市场的流通,国家从以前的行政定价和监管转向加强市场体系和基础设施建设,农业产业区发展迅猛。在这一时期,畜牧业不仅能够有效地转为粮食供给,还提高了农民的收入。

3. 依靠科技的发展,打造主产区可持续发展的能力

农业科技的推广可以提高劳动生产率,促进农业产业的区域发展。推进科技兴农,提高科技对农业的贡献率,是特色农业发展的关键所在。只有以科技创新为依靠,加快转化与推广科技成果,才能提升当前河南省特色农业的发展水平。现阶段,提升河南省特色农业发展的科技支撑能力关键在于要建立一整套高效农业的科技推广与研发体系,促进农业科技自主创新,加大良种培育推广、鲜活农产品加工、保鲜技术开发及应用等重点领域和关键环节的突破;建立和完善以政府为主体,农业龙头企业、中介组织、教育科研院所广泛参与的多元化农业科技推广体系,加大推进农业科技入户,围绕主导产业对农民进行技术培训,提高农民的科技水平。

特色农业是一种高效率的农业生产方式,需要从业者能掌握一定的技能和知识,对生产者的综合素质要求较高,要使特色农业的发展优势充分得以体现,就要加强对农业生产者的培训,让其掌握更多的专业生

产技能、丰富的科技知识、多元化的经营理念。经过职业培训后农业生产者综合素质会有较大提升,这样,生产者越来越符合"职业农民"的要求,对特色农业的发展会有较大的推进作用,有利于特色农业的产业优势形成。

4.宏观政策的导向作用

在20世纪80年代以前,中国的农业产业发展水平低,人们对农产品的供求有限,在农产品的产量上也常常遭受短缺危机。因此,这一时期无法形成农业产业的区域化。对此,我国政府利用了改革开放的大趋势,不失时机地实行了农业结构的调整,全国各地依据自身的资源优势,发展优势产业,取得了良好的发展势头。

(二)农业产业集群区域化演进面临的挑战

农业产业化发展作为加快我国农业经济增长、促进乡村经济跃上新台阶的客观需要,加强农业产业区域内集群发展是深化我国乡村经济体制改革的大势所趋。但是在长期的发展过程中,我们也认识到我国农业产业化发展存在一些问题,由于我国农业产业化发展整体水平不高,龙头企业的规模小、带动力不强以及市场竞争力明显落后于西方国家等原因,我国农业产业无论在发展上、规模上还是在竞争力上一直处于落后阶段。由于农业产业集群化整体发展水平低,在农业产业化发展的新形势下,把握好农业、农民、农产品之间的关系就显得非常重要。就目前农业产业化经营模式的发展程度看,其覆盖面不足1000万户,农产品在加工过程中的转化率远远落后于发达国家。农产品无论是在加工还是在生产环节,所占的产业比重持续走低,情况不容乐观。由于龙头企业规模小,在全国的范围内来看,将近7万个龙头企业中,销售收入达到亿元的龙头企业占市场总份额的6%左右,百亿元则更少。由于市场竞争力明显落后于西方国家,在开发研究农业产业化所要推出的新产品时,要注意让市场也参与进来,将市场作为有效考虑的范畴。另一方面,在产业化经营过程中,存在利益连接机制不健全的情况。所谓利益连接机制,指的就是在生产过程中实行的是产业化经营模式,在这种模式下,企业与农户形成一个利益组合体,在这个链条中共担风险,共享收益。

当前,我国农业发展面临着严峻的挑战,主要表现在以下方面:

1. 部分地区粮食生产呈亏损状态

目前,我国是以冬小麦为主,华中、华东、华北区域种植较多,种植一亩地小麦的成本,从整地、种子、农药、化肥、浇水、收获等方面来算,2022年的托市收购价格标准为1.15元/斤,一亩地的成本在600元左右,利润则在500元左右。粮食生产的利润过低导致年轻农民不愿再面朝黄土背朝天,即便是承包大户也因为种粮利润过低,面临着不得不缩减种粮面积的抉择,而选择利润较高的经济作物。

2. 农业产业生产成本增加,产品价格无法成为出口优势

近年来,随着人口红利的收窄,我国劳动力的低价格优势正在逐渐消失,以每年10%的成本上涨。以河南为例,2017年从事农业的熟练劳动力需要支付约150元/天,2018年则同比增加了20元/天,2019年达到180元/天,而相应的雇工支出在2014年、2015年不足100元/天,虽然农业生产的工资成本在五年时间几乎翻了一番,但是劳动的产出没有明显的提升,劳动生产率与发展不同步。随着城镇化水平的推进,耕地面积的不断减少导致农业投入品价格不断上涨,农业生产成本逐年上涨,加上惠农政策有偏差,涉农信贷成本过高,科技对农业的创新不够,导致我国农业产业整体的竞争力下降。显然劳动生产率并未与其同步发展。

3. 国内外农产品价格差异,导致其进口量增大

中外农产品差价导致我国农产品进口呈逐年上涨趋势。以我国的主粮为例,自2019年到2022年,小麦进口量从350万吨增长到996万吨,增长幅度接近300%,玉米进口量从400万吨增长到2830万吨,增长幅度接近700%,某些农产品因没有关税配额的限制而进口量突增,这些进口农产品代替了其他农产品,使其成为结构性过剩产品,这样产生的后果就是,国家的储备负担加重,粮食加工产业的成本下降。

4. 受WTO自由贸易影响,大量零关税进口农产品挤压中国市场

我国在2001年加入WTO,其协议规定了我国大部分进口农产品在减税过渡期后将实行零关税。目前我国已签署16个自贸区,涉及24个国家和地区,降低了我国农产品进口关税,造成了国外产品大量进口,国内农产品受到严重挤压。

二、农业产业集群区域化演进的未来趋势

目前,生态环境问题已然成为制约社会经济发展的重要因素,如何跳出这个瓶颈,推动生态保护与建设,从而建立循环经济乃至循环农业模式,是推动可持续发展的重中之重。生态农业发展的主要方向就是坚持持续农业与循环经济理念,这一理念是现代农业发展与生态保护最好的选择方式,成为现代农业发展的基本趋向。

生态农业源于 19 世纪的欧洲,随之在瑞士、日本等国发展开来,直到20 世纪美国的土壤学家威廉姆·阿尔伯韦奇(William A. Recherche)在美国《国家地理》杂志上第一次提出了生态农业的概念。他指出,农业生态从狭义上讲就是减少对种植业不必要的投入,通过实行休耕轮耕、自制农家肥等来发展农业,使农业内部形成一个良性的自我循环系统;从广义上讲,把生态学技术应用到农业发展之中,使畜牧业、渔业和种植业能够有机联合并形成一个良性循环系统,从而达到经济、社会与生态的完美统一。随后,1984 年美国的农学家杰克逊又一次提出农业生态的含义,农业生态就是尽可能地减少人类的管理以及农药化肥等的使用,保持土壤的肥力,避免引起因被侵蚀而降低农作物品种的质量以及数量,实现持久发展的目标。经历了 90 多年的发展,生态农业形成了具有重要意义的农业发展理论,成为世界农业史上的一场革命。生态农业充分发挥区域性资源的优势,使生态和经济这二者之间形成良性的农业状态。总的来看,生态农业遵循的是生态规律和经济规律,与传统农业形成联系,再借助先进的技术,将农业生产、农业环境、农业经济融为一体,用以发挥农业的功能,进而形成良性的生态和经济循环体系,达到农业经济的可持续发展。相对于循环农业而言,尊重生态和经济系统的一般规律,以农业的可持续发展为基点,用"3R"最大限度地使资源得到循环利用,因为拥有一个良性的循环系统,通过减少原料(reduce)、重新利用(reuse)和物品回收(recycle),实现对环境的影响较小。在这样一种全新的农业经济发展的理念下,通过技术的创新,调整产业内部结构,改变组织方式,以回报率最高的方式减轻对生态的破坏程度。

(一)可持续发展战略下的循环农业

我们一直所倡导的可持续发展战略,是循环农业和生态农业遵循的

原则。生态农业着重强调的是运用现代科学技术和管理手段以及传统农业的有效经验,把生态学、生态经济学等生态理论融入其中,使农业经济发展成为可持续发展的农业体系,获得较高的经济效益、生态效益和社会效益,是一种现代化的高效农业。通过发展粮食与多种经济作物合作生产,发展大田种植与林、牧、副、渔业,使大农业与第二、三产业结合起来,利用传统农业精华和现代科技成果,通过人工设计生态工程,协调发展与环境之间、资源利用与保护之间的矛盾,形成生态上与经济上两个良性循环,经济、生态、社会三大效益的统一。而循环农业则主要是在资源的循环利用基础上,实现节能减排和增收,采取"3R"技术原则,将高效率、低耗能设定为发展目标,将农业发展过程中产生的费用进行合理化处理,把农产品废弃物的排放量降至最低,实现资源的有效利用和促进环境的可持续发展。循环农业作为一种环境友好型农作方式,具有较好的社会效益、经济效益和生态效益。

目前,循环农业的发展势头远超过生态农业的发展。就农业发展的形式来看,与生态农业相比,循环农业的发展更加迅速,发展模式前景十分好,充分利用这一发展形势,我国的农业产业的经济因为循环农业的发展得到了更好的发展。当然,循环农业所要关注的最主要的问题就是生态的承载能力,即是否符合生态效益的发展。在产业的生产过程中,需要将经济效益放在保护环境之后,更侧重的是对生态环境的保护。较之于循环农业,利用"3R"技术,将资源的循环利用贯穿在农业产业生产与消费的全部过程,做到一手抓生态,一手抓经济,把经济效益和生态效益放在同等重要的位置,在注重资源循环利用的同时,在经济方面和生态保护方面都达到最优的产出。

生态农业的发展是我们今后工作的一个重点。它要求在一定的经济基础上,在生态环境中建立和维持一个低输入的农业生产发展体系。在这个系统中,需要物质之间快速循环,系统内的生态环境与经济发展和谐共处,进而促进生态与经济的良性互动,将农业废弃物变废为宝,提高废弃物的利用率。这就是说,在农业产业这个大的生产系统中,循环农业和生态农业在某种程度上具有一致性。唯一的不同就是生态农业更多地侧重于生态与经济的统一协调,因为将生态与经济结合起来发展农业,可以凸显农业的可持续发展。而在循环农业的发展过程中,则是对在生产过程中或者在生产之外的所有物质资料进行循环利用。也就是说,生态农业和循环农业相比,二者都是一种随着社会发展进步而产生的一种现代农业形态。甚至,我们可以这样理解,循环农业本身就是一种生态农业的表现形式。在农业产业发展的整个体系中,农业中的循环经济不仅丰富了生态农业理论,同时也是一个系统化的农业循环理论。生态农业将农业生产引入合理的生产步骤,在发起生产的同时,我们还应具体情况具体分析,将我国具体的国情和农业发展状况相互联系。

(二)现代生态农业概念的提出与基本特征

按照现阶段发展的情况来看,现代农业的发展是一个与时俱进的过程,人们对现代农业的发展趋向的认知也十分丰富,如绿色农业、有机农业、生态农业等。以"3R"为技术核心的现代农业将农业中的投入和产出放在最优组合上,秉承的发展理念是对资源的高效和循环利用。在现代农业发展的体系过程中,即高效与低能组合在一起,实现农业技术的一次实质性的变革,把效益农业与生态农业合并统一,更加突出的是生态农业的发展。要想实现新形势下我国农业产业发展的需求,就必须在农业生产过程中引入生态循环,进而引导发展循环经济。在这种全新的生产模式的推动下,将生态农业与循环农业作为常态化同步发展。

在生态农业的基础上发展的现代农业,以"生态"为价值导向,利用循环经济的发展模式,将农业发展同生态环境发展同步进行,形成一个相互制约的系统,以区域内农业发展的整体效益最优为目标,关注的是经济、社会、自然的协调发展。农业作为人类赖以生存的根基,必须高度重视生态的可持续发展,将整个经济体系建立在生态农业的基础之上,实现资源的合理配置。所以,现代农业倡导的是绿色、共享、和谐、创新的发展理念。

现代生态农业的理论来源于生态伦理学和生态经济的实践。其中,生态伦理学是以伦理学的角度分析人与自然的关系,把伦理学中倡导的人文关怀延伸到自然领域,号召人类放弃与自然的冲突,追求与自然共生的可持续发展观,形成一种人与自然和谐稳定的道德关系。而生态经济则是依靠生态伦理学与循环经济的发展,通过生态伦理学推动生态伦理道德的不断升华,从根本上改变传统经济的发展模式。从循环经济的角度来看,现代农业是深层次的、扩展的农业经济体,其目标是构建区域农业持续发展、宏观整体效益最大化的农业发展形态。从生态学的角度来看,现代农业强调生态价值以区域经济发展为核心,秉承的是"生态价值优先"的理念。

进入世纪,我国农业的发展也十分迅速。就目前来说,在现代农业的发展过程中,人们越来越重视绿色发展。习近平总书记指出:"生态环境保护是功在当代、利在千秋的事业。"当然,绿色发展理念对于决胜全面建成小康社会意义重大。绿色农业是一场思维领域的变革,在环境问题的处理上,为了提高农业经济的生态效益,我们可以引入循环经济的"3R"原则,让其参与实践过程,将生态、社会、经济效益进行有机的统一。第一,我们现在所需要的生态农业的发展,需要在现代农业的基础上,遵循生态伦理学和生态经济学规律,将其运用到生产过程中,追求最大的生态价值,实现农业集约化经营的发展模式。对于现代农业的发展,一般的生态学家认为,应将经济发展与生态保护放在一起,并且优先于生态环境的保护。在农业的发展过程中,主要是以生态为价值导向,强调的是在区域内的经济、社会、生态的协调发展,也就是说,发展是以农业的循环经济为目标。第二,生态农业发展的基础是循环农业。生态农业是依据生态伦理学的发展理念,将自然资源放入循环经济发展的模式中加以运用,把低能耗放在首位去提高资源的利用率,也就是说,把农业的投入、产出与效益的提高放在同等位置加以重视,形成现代农业产业经济发展的规模。第三,根据实事求是的原则,现代农业因地区差异的不同,产生出了不同的生态发展结构与功能。照目前农业发展的现状来说,可持续发展是大势所趋,所以我们必须倡导全面、协调、可持续的发展战略眼光,统筹区域发展,将区域内发展的产业经营模式的效益最大化,为促进区域经济的发展做出相应的贡献。第四,在农业产业中将生态放入经济效益考评中加以评估,得出在生态农业绩效考评中,它具有公共物品的属性。在这一属性中,非竞争性和非排他性的这两个特点就说明了生态农业的发展依靠企业和公民是不可能实现生态效益最大化的,它需要的是政府强有力的支持,因为只有政府机构才能重视生态的发展。也就是说,现代生态农业的发展不仅要依靠现阶段的市场配置发生作用,也需要政府的关注,二者的联合作用是保证生态农业发展的前提。

推进农业发展机制改革。从现代生态农业的发展来看,西方国家的农业与完善的市场制度和政府科学的决策分不开,而我国尚未形成这种体系,据此,需要完善和深化乡村经济体制改革,加快构建现代农业制度。在农业发展的基础上,着力构建城乡一体化发展模式,促进城乡经济一体化发展。尤为重要的是,在进行乡镇的其他一系列的制度、机制、体制改革后,发展特色农业。

目前,我们所倡导的发展现代生态农业,需要结合各地的发展思路,在工业化、城镇化、现代化的发展过程中,可以将三者融为一体,再加上城市和乡村的共同作用,共同促进现代生态农业的发展。在其发展的过程中,对现代生态农业要进行一个合理的对未来的发展预期,如制定规划思路、举措、目标等,在探索农业产业化发展时期,实行工业反哺农业的工作导向,无论是在政策上还是在价格上给予各项补贴。同时,在农业发展的过程中,企业从事农业生产或将加工中产生的工业废弃物进行合理的转化,支持生态农业的发展,进而推动生态农业持续发展。

构建循环农业科技体系。现代生态农业是一种可持续的农业发展模式,走的是投入少、产量高、消耗低、效率高、资源节约和环境改善的可持续发展路子。现阶段,新的科技革命正影响着农业产业的发展。特别是生物工程技术由试验转向应用,用基因拼接法生产脱氧核糖核酸,用无性杂交、基因移植法培育新的动植物品种,它为农业和畜牧业生产以及人类营养需求开辟了广阔的前景。为支持农业科技发展,三门峡市实施了现代农业科技创新行动,制定并出台了相关文件,将技术创新作为乡村振兴、科技发展的支撑因素,通过改善区域内自然环境相对较差地区的基础资源,加大了区域内农产品的有效生产,推动了区域内农产品的外销和管理经营,保障了区域内农业产业的集群化发展。

推进特色农业产业化经营。2007 年,农业部颁布了《关于推进农业经营体制机制创新的意见》,以加快农业经营方式转变,促进现代农业发展和新乡村建设。农业产业化经营是农业产业化的必然结果与具体体现。农业产业化经营的构成要素主要包括农业龙头企业、农户、主导产业、农业生产基地、社会化服务体系等,而农业生产不同环节、不同产业链条结合起来是农业产业化经营的基础与保障。目前,面向市场化的农业现代化,是培育适应社会化大规模生产的市场经济主体,形成市场配置资源的机制。因此,农业产业化经营模式的选择实际上是选择适当的组织形式来实现农业生产主体与市场的对接。在促进农业产业化的同时,必须依靠当地的资源和环境优势,从当地农业生产力发展水平和乡村经济发展程度入手。

目前,我国农业产业化经营模式主要有龙头企业带动型发展模式、合作经济组织带动型发展模式、主导产业带动型发展模式、现代农业综合开发区带动型发展模式四种类型。我国农业产业化经营是继乡村家庭联产承包责任制以后,在市场经济体制下发展起来的一种全新的农业生产经营形式,也是农业制度变革的必然选择。农业产业化经营制度的优越性,主要表现在三个方面:一是实现农业规模效应。在农业生产前、生产中、生产后,需要周密的布局、运筹帷幄的手段提高产业的专业化生产,以此带来区域内的规模效益和规模经济。二是缓解市场风险。通过工业化管理,特别是市场内部组织中介,引导农民有序进入市场。通过农业产业化经营,减少了中间环节和利益流失。三是降低交易费用。在产业化经营的过程中,要减少来自中间环节所带来的损失,在相关费用下降的同时,在家庭联产承包责任制的基础上,发挥农业的外部经济优势来填补内部经营中带来的利益流失。在这一过程中,发展生态农业有助于帮助实现农业的快速发展,因为生态农业是生态脆弱、经济落后地区农业在市场经济环境中实现健康稳定发展的有效途径。

(三)三门峡农业现代化的发展趋势

三门峡市地处豫西北山区,总面积 10496 平方公里,其中山区面积占 54.8%,丘陵面积占 36%,素有"五山四陵一分川"之称。总人口 200 余万,其中农业人口 156 万。在农业结构调整中,果品业已成为该市最大的支柱产业。目前全市现有果树面积 370.95 万亩,其中苹果 160 万亩,占 43.1%。全市果品总产量 12 亿千克,果品产值 187 元,占农业总产值的 27% 左右。近年来,果品业在自身发展过程中,按照"减量化、再利用、资源化"的发展原则,拉长产业链条,探索出一条具有本地特色的农业循环经济发展道路。

每年在果品半成熟及成熟期还有大量的落果,为了变废为宝、综合开发、循环利用,现在的落果已全部由果汁加工企业收购,生产浓缩果汁及饮料。目前,全市各种规模的果品加工企业 12 家,每年消化落果达 15 亿千克以上。果汁加工过程产生的果渣,再由饲料加工厂生产成颗粒饲料,用于畜牧养殖;生畜排出的粪便,再还田育园壮树,部分生产沼气。全市新建果渣饲料生产企业 2 家,每年可再循环利用果渣 16 万吨,产饲料 4 万余吨。同时,果园在更新、修剪、品种改良过程中,每年生产出大量的果树树干和树枝。据统计,全市果园中每年可产生大约 60 万吨的果树枝。以前都将这些果树枝作为废料烧掉,现在这些枝杈又有了新用途,直径 10 厘米以上的,每年约 40 万吨可加工成高、中密度纤维板和木地板 16 万立方米,有 10 万吨较细的树枝粉碎后,用来发展食用菌生产,年产袋料香菇、杏鲍菇、灵芝、金针菇等 4000 万袋,仅此一项资源再循环利用,每年可创经济效益达 6 亿多元。三门峡市继果品业之后,特别是国家实施天保工程以来,由果树枝杈生产的中、高密度纤维板及食用菌生产又成为该市农业结构调整中的又一支柱产业。特别是灵宝在农业结构调整中,利用大量苹果更换品种生产食用菌,已经发展到现在的 3000 万袋,年产值已达 1.5 亿元。这样,就形成了具有明显地方特色的农业循环经济发展模式,实现了我市果品生产由单一的资源消耗型、环境污染型的传统农业向现代工业型农业的转变,实现了由资源消耗型农业向资源循环型农业转变。三门峡市目前已经形成了以高山果园为代表的苹果、梨等水果产业带规划,以卢氏木耳、香菇为代表的食用菌产业。

在西方国家,关于生态农业的记载可以追溯到 19 世纪的自然保护运动,并且到目前为止,循环农业依然是西方国家在农业发展上的方向。针对如何摆脱传统农业的束缚,把农业生态环境作为发展的重点,我们可以制定以下目标:

一是提高生态农业的发展水平。我们可以从目前的社会经济效益投入与产出的比例上来看,生态农业在现代农业的发展过程中扮演着举足轻重的角色,生态农业具有无可比拟的多种功能优势,如在商务、养老、旅游、文化等方面将他们结合在一起,可以使现代农业得到最好的发展。再将生态与农业这二者结合起来,最主要的是能够推动城乡一体化发展,实现区域之间的协同发展,同时也为农业找到了新的经济增长点。

二是改善区域内自然环境。改革开放40多年,我国的经济发展突飞猛进,但随之而来的环境污染问题却给人们带来了困惑。而我们所倡导的生态农业就是在改变和恢复自然环境的前提下实现经济增长、农业生产、环境保护,三者同步发展体现了我们在探索农业发展的同时也重视了随之而来的问题。

三是提高区域整体效益水平。提高区域整体效益水平是在可持续发展的前提下实现区域内的协同发展。我国现代农业发展的形式就是农业产业的集群发展,在其发展过程中,通过"三化"的要求可知,我国农业产业发展的重中之重就是其整体效益的提高,因为这既代表了农民的合法权益不受侵犯,表现出现阶段我国农业产业资源的转型和升级。

因此,我们在研究农业产业发展的时候,可以将与农业相关的资源整合起来,培植资源的有效形式,可以将我国的农业产业发展到最优的经营模式中去。

以三门峡市的苹果产业为例,立足于打造豫西黄土高原苹果产业基地,经过多年的稳步增长,果品产业围绕产前、产中、产后服务,果业基础设施、物资供应体系、技术体系、市场体系和信息体系获得了长足的发展,拉动了果品加工、贮藏、包装、运输、销售、餐饮、住宿、信息服务、农资生产与经销等第二、三产业及食用菌、畜牧养殖、沼气、板材加工等相关产业的兴起和发展,消化了农村大量的剩余劳动力,引导了劳动力的合理分工,成为农村经济的重要支柱。尤其是果品加工体系发展良好,苹果浓缩汁、果酱、果脯、果酒、果胶、果汁饮料等加工产品种类繁多。虽然三门峡市的苹果产业发展势头良好,但是在全面建成小康社会的大环境下,仍需要向高度集约化的发展模式靠拢。因为,建设农业产业集群是我国农业产业发展的必经模式,三门峡市坚持高山水果产业的发展,就要保障农民的主体地位和生产经营自主权,同时加强政策引导和信息服务,充分调动地方政府、企业和农民的积极性。要注意运用好当地干旱半干旱的特征,坚持农民的意愿,着眼于"亚洲高山果园"的开发,着眼于每一个生产环节,对其分析并找出不足,最后达到以质取胜的目标。同时,为建设苹果产业集群,还需依靠大市场带动农民的发展模式,通过有效的土地流转,将分散的小农户逐渐转变为集中生产的区域内的大农户,快速形成苹果产业的新的发展模式。

今后,三门峡市苹果产业发展的重点是:第一,加大科技的投入,建设标准化的苹果产业园区,推广新设施,覆盖新材料,培育优种,研究和推广现代化的栽培、嫁接技术,提高苹果的品质。第二,加大创新力度。在大力发展苹果产业这一政策的推动下,以苹果及其副产品为原料的相关配套产业也应起到优势补充的作用。例如,开发苹果醋饮品,三门峡市某企业开发的苹果醋饮品,通过豫西山区窑洞窖藏、陈酿,具有保护肝脏、预防心血管疾病、消除疲劳、益智健脑、提高免疫力、改善酸性体质、排毒养颜、减肥瘦身的功效,对于醉酒、高血脂、高血压、免疫力低、酸性体质、肥胖等有缓解的功效。其与现代人追求健康、崇尚绿色生活的理念不谋而合,不仅提高了苹果产品的附加值,还形成了独特的本地产业文化。从上述例子中我们可以看到创新的重要性。

三、农业产业集群区域化演进的基本策略

(一)打造区域品牌,扩大品牌知名度和市场竞争力

农业产业集群的区域品牌作为公共产品的基本属性,在具体的运转过程中必然会出现一系列问题,比如投资主体缺位和品牌形象易损,面对这两个较为棘手的问题,在农业产业集群区域内的相关政府部门、在驻企业、行业协会、农户等就必须强强联合,在合作中相互影响、相互作用,共同研发出好的产品,进而形成区域品牌。将自身品牌发展与区域品牌的维护和发展相融合,提升农业产业整体形象与品牌知名度和市场竞争力,构建区域品牌发展平台,坚持专业化生产,扩大区域产品影响力,提升品牌信誉度。

1.基于特色区位分析,发展区域优势产业,增强产品市场知名度

打造区域品牌是提升区域特色产业市场竞争力的手段,推进品牌建设化经营模式,形成既具有竞争实力又具特色优势的农业产业集群,形成品牌效应,可以让利益共同体展开内部协作。例如,福建省地理标志产品保护将近300个,这300个品牌为福建的经济发展带来了巨大的发

展效用。一是直接带来了经济利益的流入。在福建,武夷岩茶在得到相关部门认证成为地理标志产品保护以后,其在茶市场的销售价格一度飞涨,市场前景一片光明。二是可以加大特色农产品的实力。众所周知,安溪铁观音品牌推动了乌龙茶的迅猛发展。三是利用特色产业的发展使区域内经济发展加快。

在推进区域特色农业品牌化的发展中存在着这样或那样的问题,制约着区域品牌的发展速度,影响全局的提升水平。主要表现为:科研人员匮乏、农产品社会化服务体系不健全、农业品牌意识薄弱、农产品宣传和保护有限等。所以,相关部门应该做的就是转变态度,将农业品牌化的发展作为重点,加强引导、培育和保护。第一,政策引导,成就品牌。制定有效的扶持政策,选择创新性强、发展前景好的农产品进行标准化生产,进行品牌的培育,以便提高农产品的质量。第二,制定政策,帮扶品牌。对产业集群内已持有品牌农产品的企业,坚持以市场为导向,制定有效的农业产业政策,鼓励其设立专项资金,用于专门维护品牌战略。这是因为,品牌如若继续扩大生产规模,做大做强,就需要强大的资金支持、人才培养、技术创新、信息通畅。这样做的好处是既保护了品牌,又宣扬了品牌,促使农产品屹立于市场而不倒。第三,龙头企业参与研发新产品。在推进农业产业化的发展过程中,特色农业成为区域农业产业发展的着力点,因此,我们可以申请组建新的企业发展模式来推动农产品名牌的创建。目前,我们所采取的策略就是要调动农户和企业参与农业产业的积极性,才能在品牌维护中产生作用。通过奖励机制,农户和企业在维护农业区域品牌的时候能得到应有的利益;政府和行业协会采取一些政策性的措施,维护生产秩序的平稳进行,这对于生产出高质量的产品是非常有意义的。

农业产业化集群的迅速发展能够有力推进农业大省转向农业强省目标的实现。龙头企业是河南农业产业化进程的支撑点,河南有70%以上的省级重点龙头企业自建了研发机构,通过与高等院校、科研院所开展联合攻关或者自主研发,开发具有独立自主知识产权的新技术、新产品、新品种,加速了科技创新与成果转化。如河南广安集团通过自主研发的"中草药浓缩饲料"项目获得了巨大经济效益;思念、三全开发的新品种已达到了数百个；双汇集团在保证食品安全的前提下建立了博士后工作站、国家认可的实验室和国家级的技术中心，做出了上千种的产品群，其鲜冻猪肉、低温肉制品、高温肉制品均被评为"中国名牌"产品。

完善农业区域品牌的保护制度。众所周知，区域品牌作为农业产业发展过程中的无形资产，有着很高的市场价值。但是因其自身所呈现出来的缺陷，会导致异位现象的产生。此种现象的出现与区域品牌的营销方式背道而驰，不仅损害了构建品牌的声誉，还会将企业推进盲目发展的误区。面对此种情况，完善相关的保护制度迫在眉睫。对于农业产业集群区域品牌的申请者而言，要注重保护其区域品牌的所有权；农产品的质量而言，要严格集群内的生产管理与生产经营，防止生产出来的产品影响到区域品牌的建设；对于打造区域品牌建设的集群内的参与者而言，强化区域品牌意识，制定区域品牌保护制度，可以有效发挥相关部门的作用，如政府的导向作用，农户、企业、协会的支撑作用，以及企业之间创造的合作平台。总之，维护农业区域品牌是当前农业产业集群的重点工作。

2.依托市场有效需求，通过专业化生产，提高产品市场竞争力

发展现代农业的重要支撑发达的流通产业和完善的市场体系。我们可以依靠市场这个大平台，通过快速的农产品流通，进一步开拓农产品市场，通过贸易的集聚带动生产集群，进一步优化农产品贸易的流通途径，通过专业化生产，提高区域内产品的市场竞争力。因此，要加快城区综合市场和销售地的改良升级，通过科研技术进步推动农产品主要产区专业化生产，并借助互联网的发展扩展新型的流通渠道，进一步完善农贸市场的转型升级，发展当地独有的特色农产品。同时，要建设一批农产品物流配送中心，重点扶持本地的特色农产品，并与龙头企业形成合作关系，这样，内外联动，就会加速区域内特色农产品品牌效应。例如，广东竹器编制产业集群就是以信宜市为中心，发展特色农业集群，通过贸易集聚带动生产集聚，生产前景十分好，因为其是劳动密集型产业，有效地解决了乡村剩余劳动力的就业问题，产品远销欧洲国家。

(二)扩大产业规模，推动农业集群规范化和系统化

创建农业产业集群的区域品牌能够带动区域内农业相关产业的发展，推动农业产业集群的转型升级，是农业产业集群发展的动力。在产

业集群的形成规模上,产业生产的产品要保持良好的市场占有率,与关联企业相互合作,形成农业产业集群。在这种模式下,可以有效地形成专业化的分工体系和合作网络,既可以克服某一个单独发展的企业受到瓶颈限制,也可以消除由于决策不当给企业带来的消极影响,能增强区域品牌的传播力度。与此同时,企业通过创造品牌的效应,不仅节约了因宣传而产生的广告费用,也扩大了产品的营销渠道,这样会明显地增强品牌的号召力。企业在这个过程中,实现了自我强大,企业通过自身打造的品牌迅速发展,在行业内越来越具有竞争力。因此,相关部门应该倡导建立农业产业集群的区域品牌效应,对有竞争优势的企业进行政策倾斜,做好农业产业集群的合理规划,利用本辖区内的区域优势,引导企业创新发展,努力打造农业区域品牌。

1.优化区域原有分散布局,组织企业高质量集群化发展

纵观我国现代农业产业化的发展,注重的是整个产业的均衡发展,再也不是传统的单一生产模式,整个农业产业链条的发展能够促进农业产业中农产品加工的精细化和配套服务的程序化,为农业生产的有序进行提供一种示范的作用。就目前来说,产业链条的延伸可以带动农民就业,不断吸引乡村精壮劳动力的加入;企业还可以与农户建立一对多的合作机制,与农户共享发展成果,在"企业＋农户"的运转模式中,挑选种养大户进行培养,待农户学成技术和培育的方式方法后,可在农户之间进行推广,确保高质量的农产品进入加工环节,并为其提供原料支持。反过来讲,这种"企业＋农户"的生产模式也可以应用在培育具有现代化农业产业的企业中,我们在农户与企业相互合作、相互联合的基础上,可以采取各种各样的方式来推动农户与企业的共同发展,将企业与农户牢牢地捆绑在一起,在这个经济体中,企业与农户和谐共生,既享受因发展所共享的利益成果,又承担因各种因素所带来的利益风险。在产业集群中,龙头企业在其中扮演的角色很重要,甚至可以发展成为带动当地经济腾飞的压梁石,不仅能够提升整个区域内农业产业集群的竞争力,也能够为区域经济创收。

2.培育壮大龙头企业,发挥龙头企业示范带动效应

不言而喻,农业产业集群化发展在享受利益成果的情况下,还面对

着各种风险与挑战,但是困难和挑战也会带来新的希望和发展机遇,特别是对带有战略眼光、主动适应转型升级的龙头企业。龙头企业可以有力地推动农业区域品牌的建设,帮助找准市场定位,带动农产品的生产加工规模,使其快速发展。在一个地区,如果有龙头企业的带动,企业就可以参考龙头企业经营方式和生产模式,同时运用合作和兼并的方式进行企业重组,促进区域品牌的发展。培育行业龙头企业可进一步强化企业创新意识,同时加大创新力度,力求在核心技术和关键工艺上取得突破,潜下心来做精做强。通过培育龙头企业,发挥龙头企业在主营业务竞争和抢占产业链中的高端优势,并帮助有条件的企业积极推进产业转型,通过内部研发储备和对外收购兼并等多种方式培育壮大具有高度成长性的创新项目,并最终实现对原产业的替代。大力实施品牌战略,把创建品牌和建立营销网络有机结合起来,通过积极采用新的营销方式和营销手段来完善生产加工和销售渠道,提高市场拓展效果,努力掌握市场主导权,积极培育特色企业文化,带动区域农业产业集群式发展。

(三)加强各项投入,提高农户生产积极性和参与度

在推进现代农业的进程中,要落实好《农民专业合作社法》和中办国办印发的《关于加快构建政策体系培育新型农业经营主体的意见》,从而提高农民的组织化程度。对于政府这一块,加强政府职能的转变需要做到以下几点:第一,坚持创新是引领发展的第一动力,多举办科普活动,将科技创新的路子全覆盖,使用这样的形式可以加强全民的体验性和参与性,营造依靠农业发展、依靠科技创新的浓厚氛围。大力推进"互联网+农业",建立网上科技活动周、数字科普终端、技术交易平台,与线下活动一起搞好科普工作,将科技贯穿到每一个具体实施步骤上。鼓励县(市)依托本辖区内的特色产业、先进技术,发展建立集传统文化、科技创新、科学与教育等为一体的多元化教育与科学示范基地。第二,健全政策体系。赋予市、县级政府更多自主权。相关部门在符合规定的情况下,引导区域银行支持针对农业创新融资的需求。在政策性引导的基础上,鼓励企业实施人才创新计划,配备专业的技术人员从各领域进行实时监管,进一步强化企业对科技资源的开放和利用程度。第三,推动交流合作。可采取企业与高校、科研机构的强强联合机制,在研发中共享

学术研究成果。

为了能够充分调动农民生产和创业的积极性,相关政府部门还要制定出台一系列的扶持政策,对自主创业的农民进行引导,构建完备的创业培训平台,为农民创业致富创造良好的环境。例如,河南焦作的"一元公寓"计划,针对农民的现实需要,比如焦作市人社局在市委组织部的推动下,开展订单式的就业技能培训班,无论是农民还是农民工,只要有需求,缴纳一元钱的住宿费,就能享受为期十天的职业技能培训。"一元公寓"计划的出发点是为当地人民提供致富的方向和手段。就目前我国农业产业化发展过程中的农民自主创业而言,相关政府机构要实实在在地将惠农政策与产业集聚的规划和发展有机地结合起来,确保区域内农业产业的可持续发展,为农民创业减少一定的阻力和政策上的可防控的风险。更为具体地说,就是在为农民提供资金帮扶的服务过程中,也可以鼓励他们拿出自有资金或者自筹资金,同时,在土地、税收、水电等方面提供优惠政策,着力构建公共支撑体系和公共服务平台。在产业集聚的外部环境建设条件下,减少行政壁垒带来的烦琐的审批手续,将农民创业园作为助推经济发展的重要组成部分,将园区内的相关税费等资金补助及时拨付到位,让农民在医疗、社会保险等方面得到相应的保障,同时为他们提供过硬的政策咨询。

1. 组织发展行会,发挥政策支撑

行业协会作为一个极具意义的民间组织,可以把农户、企业、市场、政府有机地结合起来,加强彼此之间的有效联结,是维系各方面不可或缺的纽带。行业协会在运营过程中,主要是将分散的农户与企业、企业与企业联合起来,发展各自的优势产业,弥补自身克服不了的缺陷,达到发挥区域集群的品牌效应的目的。同时,行业协会还肩负着对农业区域品牌的定位、宣传等使命,承担着企业维权、行业自律、举办展会等一系列相关事宜,通过博览会、洽谈会、研讨会等活动,推广打造区域品牌。它既包括了对农业区域品牌的培育提供专业培训服务,又要制定行规来完善自身的发展,目的是继续推广农业区域品牌。在农业产业集群的发展中,企业本着自身发展的原则,很有可能会投入自身发展的企业品牌,而不是区域品牌。因此,政府在其中扮演的角色十分重要。在地区经济发展过程中,政府在农业区域品牌的发展上的作用不可忽视。如若政府的作用没有得到有效发挥,将会导致在区域内的企业管理分散、倒戈严重、各自为战的局面,这不利于参与者之间的相互作用。这样产生的后果就是农业产业集群在区域品牌的创立上具有盲目性和跟风走的情况,较为薄弱的企业在这样的大背景下对未来企业发展的状况感到迷茫,再加上龙头企业一味地追逐利益,偏好自身企业的品牌效应,不重视区域品牌的建设,就更加恶化了不利局面。因此,相关部门要给予政策上的倾斜和扶持,注意引导龙头企业的示范带动效应,投入一定的资金和政策优惠,鼓励相关企业、协会、农户之间合作,对其生产方式和经营方式进行有效的管理与监督,培养参与者的大局意识,为本辖区内的区域品牌做出建设性的支持与建议。

2.依靠科技投入,提高农户积极性和主动性

农户在农业产业集群的区域品牌建设中扮演着最活跃的市场主体的角色。农户与中小企业的联系,构成的是农业产业集群的产品体系,通过品牌优势和技术投入,农业生产增收明显,农民生产积极性和主动性有效提高,农业集群的参与度也明显提高。这就意味着在打造区域品牌和增加技术投入的前提下,整个农业产业集群通过农户生产积极性和普遍参与度的提高,能够有效提高集群质量和市场覆盖率。因此,在区域内参与农业产业集群的农户与企业需要围绕市场这个有利的方向,制定生产规模与生产策略,相互合作,共同进步,提高自身的能力,使得各方在区域品牌的构建中达到共赢。

(四)创新管理体制,规范农业产业集约化和专业化

1.改革原有粗放式管理,发展现代集约高效化经营

创新思维方式要求我们冲破传统的农业发展方向,用现代农业的思维方式引领现代农业的发展。农业产业集群需要相互合作、分工合作。这种合作方式是以市场主体为出发点,让其参与价值链条上的分工协作,增强他们的团队协作意识,从而改变传统的家族式生产模式,让他们了解一荣俱荣的竞争之道,从而实现双赢和多赢。一般来说,经济的发展依赖于产业的发展,产业的发展在一定程度上要关注产业集群的发展状况。从目前来看,现代农业产业集群具有一定的内生性质,这并不等

于所有的农业产业均适合发展产业集群模式。这是因为产业集群的发展更多依赖市场的需求,根据市场的行为判断是否有需求,所以说农业产业集群的发展不能刻意依靠人为因素。但是,相对而言,发展农业产业集群在一定程度上离不开政府及其相关部门的扶持,如印度班加罗尔的软件产业就是政府扶持的结果。在产业集群的发展过程中,政府的协调作用十分明显,在农业集群的萌芽和起步阶段,政府在许多方面都扮演着重要的角色。例如,在制定政策的时候,为与农业产业相关的配套产业提供其发展必备的准公共用品,引导企业有序加入,在资源配套设施建立的同时,不仅完善了对于中小企业的服务体系,更为企业提供了很多的便利条件。又如,实施积极的信贷、财政和税费政策,引导农业投资向农业产业集群倾斜,加快农业科技进步,大力发挥科技支撑作用。进一步健全营销体系,扶植壮大产业集群内的市场经营主体,整顿和规范农产品市场秩序,提高农产品流通效率,建立和完善风险保障体系,规避农业发展风险,建立适应农业产业集群良性发展的农业管理体制。特别关注中介机构和服务体系的作用,引导和培育产业集群往多向联系的方向发展,增强集群中良好的"信任和承诺",建立集群主体的学习和交流机制,在集聚区内营造一种竞争合作、协同创新的"氛围",让乡村合作组织、行业协会和各类培训机构等在促进实用技术扩散和农民企业家精神培养方面发挥重要的作用。

2.加强物流和信息服务,建立健全一体化服务体系

建立农产品物流公司、信息中介公司及其他服务型公司,可有效地吸收乡村剩余劳动力,并提高农业生产规模,同时也能提高农户收入。必须清醒地认识到农业产业集群不是孤立发展的,必须要有一个完善的服务体系,主要包括各种规范的咨询和中介服务机构,如管理、技术、信息、人才、财务、金融、法律等方面的中介服务,完善的创业服务中心,依托大学、科研机构和有实力的企业集团,同时根据不同企业的不同发展阶段和不同业务范围,提供相应的服务,为促进产业集群提供良好的发展基础,完善集群中间产品市场体系,建立相关融资网络系统,拓展外销网络。通过加强物流和信息服务,有效规范农业产业的专业化,做到专业化生产、专业化经营、专业化销售。

第四节　新时代乡村振兴战略下的
农业产业集群发展

以《河南省绿色食品集群培育行动计划》为指导,行动计划明确了当前农业整体发展的主要方向:着力服务乡村振兴战略,推进农业和乡村现代化建设。促进农业可持续发展的领域,主要是围绕农业供给侧的结构改革,围绕实施"十大战略"、实现"两个确保",把绿色食品集群发展作为一项重大任务,坚持绿色化、高端化、品牌化、智能化,坚持一群多链、聚链成群,坚持政府推动、市场主导,实施冷链食品、休闲食品、特色功能食品、预制菜、数字赋能、品牌设计等升级行动,利用生产能力,促进产业,支持主体,注重生态和扶贫,重点建设高标准农地,重点建设优势产业集群,积极培育新的农业经营主体,加快农业小规模经营,大力推进中小乡村产业一体化,探索建立乡村振兴示范途径和载体平台。

农业产业集群作为现代农业发展的重要方向,对促进国家和地区经济的发展具有重要的意义,因此是各国学者和政府研究和关注的焦点。经过40多年的改革开放,农产品的消费方式发生了一定的改变,相应地对农产品的生产也提出了新的要求,而以农产品生产作为主要经济活动的农业产业集群的发展也应做出调整。目前,中国农业主要通过改善基础设施、推进科技水平的进步、提高生产能力等方式,来改善传统的农业生产,这有利于打破传统农业的局限,让农业产业化的水准得到大幅度的提高,当前中国的农业已进入现代农业建设的新阶段。农业产业集群的发展是现代农业的特征之一,也是实现农业现代化的有效途径之一,农业产业集群的发展促进了乡村经济的快速增长,并且使该乡村具有了较强的区域竞争力。

一、农业产业集群:乡村振兴的有效途径

在三门峡,大多数地区为丘陵,农业生产条件较差,土地条件不适合现代化机械作业,造成农业现代化进程受阻。还有国家级贫困县卢氏更是山高林密,交通不便,虽然在国家精准扶贫的政策扶持下已经实现脱贫,但是,县域经济基础薄弱,发展阻力依然很大。丘陵地区缺水,成为

农业发展的重要桎梏。在经济上,对于三门峡大部分的地区来说,农业和牲畜业是生活的主要来源,人们大多过着自给自足的生活,工业化程度不高,对生活生产的要求也很低。马克思认为,人类的第一个历史活动就是生产满足人类需要的物质资料,因此,在这个阶段,整个区域的需求处于低水平,并且仅寻求生产材料和生活材料的数量。每当人们的生理需求得到满足时,这些消费、生产和生活方式就会在这些地区代代相传,使得后代能够通过前人的方式解决基础的温饱问题。这种需求处于马斯洛需求层次理论的最底层,这种低水平需求对应相对较低水平的工业生产、低水平投资、小规模投资和简单的生产技术,生产产品的材料也比较简单。这类市场虽然为消费者提供了多样化的产品,但是消费者没有产品选择权,公司只负责产品的生产,不考虑市场的需求和销售,而这种第一产业已经传承了几代人。受贫困影响的地区产业主要以农业和畜牧业为主,这类产业对生态环境的依赖程度较高,但该地区的生态环境较脆弱,产业产品的收获大多依赖于大自然,大多数农畜产品的生产连续性是间断的,如果生产的连续性无法保证,产品供应就无法进入大规模社会生产阶段。对于市场需求来说,没有可持续的供应链将无法满足市场的需求。一个产业如果不能满足最低需求水平,则不太可能出现高水平的需求,而且这个行业只能保持原状,不能发展。农业产业化生产与家庭承包经营仍存在矛盾。近些年来,为提高农业的生产效率,在国家和当地政府的帮助下,为农户提供了各种设备,农业的产业化程度日益提高。

低水平的市场需求和低水平的产业自然无法获得大规模的投资和资本的增加,而没有获得资本投资的产业将不会进一步向上发展,从而形成一个低水平的周期。技术创新也会出现同样的情况。技术创新通常需要耗费大量的人力资源、物质资源和财务资源。作为一个受贫困影响的地区,缺乏这些资源将无法进行科技创新。一个地区想要脱贫,没有一定的技术创新根本无法达到高质量的脱贫。但是一旦投入大量的资源进行创新,地方经济将会快速发展,产业经济也会同时扩大。此外,创新活动本身就是一种高度不确定的活动,研究和技术创新的周期很长,并不会立马就得出研究的结果。即使研究时间短,研究效率高,项目开发成功,在实际生产中也会存在诸多不确定因素。因此,为满足较低水平的需求而产生的行业也是一个低水平的工业阶段。在这个阶段,投资和技术创新都难以扩大规模,不可能在行业发展中发挥实质性优势、增强机制的驱动力。

党的十八大以来,在以习近平同志为核心的党中央领导下,坚持把解决好"三农"问题作为全党工作重中之重,持续加大强农惠农富农政策力度,扎实推进农业现代化和新乡村建设,全面深化乡村改革,农业和乡村发展取得了阶段性的成就,为党和国家事业全面开创新局面提供了重要支撑。在中国特色社会主义新时代,乡村作为可以有作为的广阔天地,迎来了难得的发展机遇。另外,当前我国农业发展的质量和效率以及竞争力都不高,使得农民收入增长不足,而乡村自身发展能力又比较薄弱,所以现阶段我国城乡差距仍然很大。当前,有必要采取特殊的振兴措施,找到合理的城乡总体规划,综合发展系统设计和政策创新的解决方案以达到进步。傅国华、李春、郑凯认为,遵照习近平总书记在党的十九大报中告所指出的,践行新发展理念,全面推进乡村振兴战略。应用分层次管理理论,科学识别乡村发展层次,制定层次适配的乡村振兴战略具体对策。系统实施、全面落实,努力实现各层次乡村发展升级,建成美好新乡村,为实现中国新的"三步走"战略,建设社会主义现代化强国做出应有贡献。董进智认为,从乡村与城市、新村与产业、村庄与自然、村庄与村庄、村庄与历史文化等多重关系中,去找它们之间的内在联系,看到了互动、融合、和谐、差异、传承和自治等规律性的东西。这些思考逐步得到认可,还需进一步到实践中去验证和深化。当前,应重点研究乡村振兴与城市化的内在联系,促进城乡融合发展。钱远坤认为其涉及乡村经济、政治、文化、社会、生态各个方面,我们将从以前注重农业乡村经济发展转到注重乡村"五位一体"全面发展上来,推动农业全面升级、乡村全面进步、农民全面发展,加快推进农业乡村现代化。以人为本的使命需要农业和乡村地区的优先发展。在新的时代,小康社会将以一体化的方式建设,而这个领域不可能沦陷,应优先考虑农业和乡村地区,并应进一步调整工人与农民之间的关系。优先考虑因素分配,优先考虑资源条件,优先考虑公共服务,加快农业和乡村经济发展,加强基础设施和流通信息建设,使城乡差距明显缩小。让农业成为一个有优势的产业,让农民成为有吸引力的职业,把乡村变成生活和工作的家园。保持活跃和安全,并提供精确的机构设计和政策支持。新形势下,深化乡村改革的主线仍然是管理农民与土地的关系,完善农业支持保护体系。总体方向是适应商品化和国际化的形势,以保护和调动农民积极性为核心,主要是改革和完善财政补贴政策,优化库存,更加注重结构调整支持、资源环境保护和科技研发,探索建立功能区、粮食生产和农产品生产的重要保护区,实施乡村振兴战略,不断巩固乡村振兴的基础,大力推进乡村改革。保持乡村和谐稳定,满足农民群众的生活需要,加强基层乡村工作,创新乡村社会治理,实现乡村长治久安。

中国共产党第十九次全国代表大会的报告提出了实施乡村振兴战略。实施乡村振兴战略是新时代解决我国社会主要矛盾已经转化为人民日益增长的美好生活需要和不平衡不充分的发展之间的矛盾的迫切要求。这一战略是全面建成小康社会的伟大战略部署,是农业和乡村改革发展的重要课题。习近平总书记在党的十九大报告中明确要求实施乡村振兴战略,实施乡村振兴战略首要的和最根本的是必须坚持农业乡村优先发展。农业产业集群作为提高农业生产经营水平、促进区域经济发展的重要来源,对其有效管理是目前农业改革发展运动的一个新进展。它是实践中数亿农民的伟大创造,是中国农业管理和农业机制的重大转变,是现代农业发展的必然趋势。当前,随着科技水平的逐步发展,农业基础设施逐步完善,区域内农业生产能力有了显著提高,区域集约化发展成为农业发展的新方向。但是,要实现农业产业兴旺的要求,考虑到不同区域之间因历史及其自然条件存在差异而对农业发展产生的不同影响,在现代农业生产技术能够提供强大支撑的前提下,如何发展具有区域特色的农业,实现人与自然和谐相处,实现经济效益与社会效益的有效结合,实现区域特色发展的持续化、生态化、专业化、规模化,使之发展成为具有区域特色和竞争力的农业产业,最终实现高效循环发展与绿色集约发展相结合,科学合理保护与利用每一寸土地,这是当前农业发展必须要面对和解决的问题。

集约化作为一种新的生产、经营和管理手段,是现代农业发展的必由之路。通过先进的农业科学技术、有效的经营与管理、完善的市场加工运输体系,将原有规模较小、产品生产单一、市场竞争力不强的粗放型农业发展成为具有一定规模和绝对竞争力的区域特色农业,实现区域农产品生产的规模化和专业化,实现区域经济发展、农民增收、贫困人口有效脱贫,进而实现区域人民幸福安康,这是农业集群化发展的目标。1990 年,美国学者迈克尔·波特在《国家竞争优势》——书中首先提出了用"产业集群"一词来解释集群现象。1998 年,迈克尔·波特在《集群与新经济学》——文中解释了产业集群:"产业集群是指某些特定部门中具有竞争合作关系且在地理位置上相对集中的一些商业部门或组织机构被划分而形成的特定地理区域,包括一系列上游、中游、下游产业和其他相关企业或机构的有机结合。"因此,产业集群是一个涉及众多行业、地区、企业的多维复杂关系,它与众多行业、企业密切相关。在经济效益的驱动下,大量企业及其机构向特定地域、既定领域不断聚集。农业农村部门的集群化概念则在 20 世纪 90 年代初被提出,其建立在数千个家庭小生产与不断变化的市场之间矛盾逐渐出现的情况下,是农业乡村发展的必然产物,是提高农产品竞争力、促进农业发展的必然选择。农业产业集群化是新时代我国现代农业发展的有效途径和正确选择。

二、三产融合:打造特色优势产业集群

振兴农业和繁荣农业是人们关注的焦点。打造特色产业的目的是追求最大的经济效益和最优的生态效益以及提高产品市场竞争力,并且要兼具区域内部整体的资源优势和特色。在突出地域特色时,要紧紧围绕当前市场的实际需求,做到以科技为先,以农业的产业链为主,高效配置区域内的各种生产要素,以具体的某一个生产的对象或生产的目的为目标,最终形成规模适度、特色突出、效益良好、产品具有较强的市场竞争力的非均衡农业生产体系。发展特色农业是我国农业结构战略调整的要求,是提高我国农业国际竞争力的要求;是增加农民收入的迫切需要。中央乡村工作会议提出,要把产业链、价值链等现代产业组织方式引入农业,促进一、二、三产业融合互动,积极发展多种形式,适度规模经营。2015 年,珠海幸福村建设产业发展的两个重点:"依托台创园、珠海国家农业科技园等平台,延伸农业产业链条,形成'一村一品''多村一品',

建设100平方公里特色农业产业区,实现农业特色化、市场化、品牌化。"
"我注意到幸福村居建设过程中,珠海强调了一个核心就是产业发展。
我们可能把村庄建得很美,环境整治得很好,但它必须有产业的支撑。"
中共中央党校经济学部发展经济学教研室主任施红建议,珠海要继续保
证产业发展在幸福村居建设中发挥的作用。当前,全国经济发展进入新
常态,加快推进农业现代化,对稳增长、调结构、惠民生意义重大。在中
国乡建院院长李昌平看来,依托台创园、珠海国家农业科技园等平台,延
伸农业产业链条,形成'一村一品''多村一品'是珠海农业产业向农业服
务业升级转型的尝试,符合中央乡村工作会议要求推动乡村一、二、三产
业融合的做法。建设100平方公里特色农业产业区则是对全市特色农业
产业进行大整合,积极发展多种形式的适度规模经营。珠海幸福村建设
产业的项目对于全国的特色产业具有重要的借鉴意义,它打破了以往乡
村的发展模式,不再是以满足自己的需求为主,把乡村的经营模式进行
改变,打造品牌,创建科技园,使乡村有了产业的支持,发展前景看好。
2017年的农业乡村经济工作总的要求是,应尊重农业质量、绿色农业和
农业供给结构改革,加快建设农业产业体系、生产和现代农业系统,创造
一个村庄、一个产品、一个县和一个产业的新模式。在农业中建立一个、
两个或三个集成系统,以便农民可以合理地分享整个产业链中的额外收
入。随着经济的发展,全球农业发展将改变机制,改善政策,更加有利于
该地区农业经济的发展和符合该地区的特点,并将重点发展更有用的产
业集群,以支持工业农业链的发展和促进整合乡村二、三产业。通过对
贷款、财政补贴、股权投资等的利息补贴来关注投资,弥合产业链的缺
点,重点发展该行业的有用集群。

打造优势特色产业集群,要不断优化农产品结构、产业结构和区域
结构,促进粮食和农业、林业、畜业、渔业一体化,结合种植和营销,整合
第一、第二和第三产业的发展。以"农业质量"为指导,推进农业生产标
准化,把绿色优质农产品放在突出位置,全面提高农产品质量安全。支
持农业和乡村新兴产业,支持以高新地区产业园和工业化综合体为依托
的特色农产品发展,发挥协同作用,促进现代农业发展。另外,还要大力
推进农业综合开发,支持农业卓越的产业规划特色,发展有利可图的产

业集群,探索、支持和发展农业试点项目、并使之繁荣。在政策支持方面,将加大补贴和股权投资等各种形式的支持,积极推进立体现代农业管理体制。

三、示范试点:打造乡村振兴平台载体

2017 年,中央一号文件明确规定,乡村建设以农民合作社为主要载体,让农民充分参与,充分受益,通过完整的农业发展渠道,发展将循环农业、创意农业和农业经验相结合的乡村综合体。为了实现文件的要求,党中央在 2017 年进行牧区综合体的试点示范,将其作为新时代全球农业发展的关键。为此,党中央为全球农业发展提供了丰厚的资金支持,共计拨款 4.3 亿元资金,支持河北、山西、重庆、山东等 10 个省份实施乡村试点。

在实施乡村振兴战略的过程中,工作重点要明确,要把大力推广乡村振兴技术的推广放在首位。科学技术的应用能够为乡村农业的振兴提供重要的帮助。要按照建设"美丽村庄,工业繁荣,乡村财富,良好环境和善治"的总体目标,为全球农业发展的总体效益提供辅助。另外,还要注重农业、农民收入和乡村条件支持、公共服务、环境建设,理解乡村生产生活生态的"三生同步"、三产整合和文化农业旅游的"三位一体",时刻谨记在建设的过程中,必须遵循"农业促进经济"的基本原则,为当地乡村居民的生产和生活创造良好空间。为农民提供一定的工作岗位,鼓励农民参与并充分受益。在发展和壮大主导产业的基础上,还要加强对乡村合作社的支持,改善农民生产生活的组织和社会化,增进农民福祉,积极拓展新乡村形式,要利用农民生活、农业生产和乡村生态的整体改善来达到促进乡村普遍振兴的效果。

以河南省为例,首先要以"三园"建设优化农业产业结构。其中"三园"指的是现代农业产业园、科技园、创业园。围绕河南省的各种果蔬制品、粮食加工、肉类加工等农业主导产业进行布局,打造一系列布局合理、产业优势突出、土地生产率高、科技含量高、农民收入水平高的现代农业产业园区。另外,推进田园综合体建设,促进乡村一、二、三产业融合发展。要不断推进土地适度集中化经营,促进农业现代化发展。提高农民认识,营造良好氛围。宣传相关政策,鼓励农民主动进行土地适度

流转,提升土地效率。在新闻媒体上开辟相应的专栏,开展增强土地规模化经营是为老百姓谋利益的宣传,调动广大农民的积极性。严格规范耕地集中化经营。落实土地承包经营权属于有偿流转的规定,流转的条件和补偿完全由农户与受让方自主平等协商,流转的收益归农户所有。

　　在贯彻落实乡村振兴战略的过程中要加强涉农人才队伍建设,为乡村发展提供智力支持。一方面,发挥各类新闻媒体的作用,通过新闻媒体让涉农人才能够了解到相关的政策。另一方面,落实各项优惠政策,调动乡村人才积极性。特别是对于一些偏远地区来说,往往会因为生活条件的艰苦而无法留住人才,这时,地方政府要制定出相关的优厚政策,最大限度地留住人才。还要吸收和培训各类实用人才,通过相关优惠政策吸引实用人才,包括涉农大中专毕业生、乡村子女中的农业人才、涉农科研人员等。另外,要完善乡村电商人才培养。电商作为近些年来非常热门的营销方式,在产品的销售模式上已经取得了显著的效果,将电商引入乡村,为乡村的发展多提供了一个广阔的平台。完善乡村电商人才培养要做到以下三点:一是完善与高校特别是技术院校人才的对接机制。与高校签订合作协议,发挥各自优势,细化合作内容方式,实现资源共享、互利共赢。二是鼓励乡村人才走出去,学习其他优秀乡村的相关电商经验,结合本地发展,总结适应本土的电商方法。三是为避免人才流失,需要制定完善的薪酬体系和晋升机制。

第三章 乡村振兴战略下农业产业科技园区的创新发展

第一节 农业科技园区创新能力研究

一、农业科技园区创新能力研究的基础理论

农业科技园区创新能力形成问题应包含三个主要研究方面：一是对创新能力体系的内涵、构成和功能目标进行分析；二是对影响创新能力形成的各类因素及其交织作用的微、宏观机理进行分析；三是对促进形成创新能力的实现路径进行分析。因此，能够为上述三个方面研究内容提供思想给养的理论，将成为园区创新能力研究的基础，主要包括"企业创新能力理论""复杂系统论""合作创新网络与新经济地理学""增长极理论"及"产业集群理论"。

第一，农业科技园区创新能力形成的关键一环，是其园区内以农业产业化龙头、企业为核心的企业创新主体的能力塑造与提升。以农业科技人才、研究与发展资金、新技术与新产品引进等为载体的人力资本和金融资本等创新要素，是决定企业创新能力水平的重要因素，而能力最终形成则需要依托两个维度的作用机制：一是在微观维度，将农业科技园区作为封闭的经济系统，依托内部企业自主研发行为并进行创新要素的汇聚与投入，贯彻其中的是能力形成的影响因素与度量能力的创新产出之间的微观交织与内部作用机制；二是在宏观维度，将农业科技园区作为开放的经济系统，依托内部企业与外部伙伴形成的创新合作关系网络，以及与政府、科研机构或科技服务中介等多主体形成的互动交织作用网络，进行主体协同创新、知识技术流动与产业优势互补，贯彻其中的是不同类型的影响因素之间、多元化参与主体之间以及外生性因素之间的宏观交织与外部作用机制。因此，对农业科技园区创新能力内涵及影响机制进行研究，需要以企业创新系统及其涉及的企业创新理论为指导

进行阐释。

第二，农业科技园区作为国家探索农业科技体制机制创新及先进成果应用转化与示范的先行区，自身具备相对独立的系统属性，是多个参与主体与内外部经济环境耦合发展的协同创新体系。一方面，从示范引领效果的视角出发，农业科技园区创新发展模式，应遵循"创新能力培育与形成→创新成果研发与试验→创新成效示范与推广"的逻辑体系；另一方面，从创新能力凝结的视角出发，农业科技园区创新能力的形成过程也遵循着"能力形成的决定因素——能力凝结的内生机理——能力发挥的作用"的演化机制。这一过程不是简单线性创新模式的延续，而是系统内部各主体与技术承接对象、带动引导对象之间形成若干协同系统并进行非线性交互的过程。因此，从创新能力体系的形成，到基于目标导向的示范引领功能的发挥，已促使农业科技园区成为具备独立经济特征的经济系统，从而需要以复杂系统论包含的农业耗散结构与协同耦合思想对该系统运行加以分析。

第三，农业科技园区创新能力的形成机制，既包括各类影响因素在园区内部环境等微观层面，进行投入产出并获得创新成果的内部作用机制，也包括多主体、多因素、园区内外部环境等宏观层面，进行合作创新、耦合协调并最终通过能力的形成带动实现经济社会目标的外部作用机制。因此，突破自然地理障碍，加强具有不同性质和特征的园区之间，以及分属于不同园区的企业之间的交流合作，形成优势互补、弥补短板的创新环境，将成为实现多主体协同创新、促进知识技术溢出有效吸收的重要途径。无论是省内合作还是跨省份的远距离合作，都将形成组织网络，逐步结成合作创新的态势。借助于创新网络理论和新经济地理学，可以为园区间通过合作机制培育创新能力提供分析框架。

第四，农业科技园区既是一个包含劳动、资本、土地等有形要素的地理区域，也是一个包含现代知识、技术、信息、制度等无形且有创新性质的要素相互作用的载体。农业科技园区具备短期内快速集聚创新要素获得高精尖研发成果、长期内带动农业及周边产业均衡发展，并将先进技术和较高劳动生产率扩散到相对落后地域的重要特征。因此，农业科技园区创新能力的不断提升是在打造经济"增长极"和形成"产业集群"

进程中得到淬炼，从而"增长极"理论和产业集聚理论可以为园区创新能力形成及创新功能发挥提供合理解释。

（一）关于创新能力内涵的理论

农业科技园区的创新能力主要体现为园区内作为创新主体的农业企业的创新能力，同时辅以其他多元化创新主体（如政府、科研机构、科技中介等），以园区作为平台进行的体制创新、政策创新及主体间的协同创新。企业创新能力研究是在企业创新系统研究基础上的延伸，而企业创新系统问题的理论渊源则应追溯到熊彼特的学术贡献。

熊彼特认为，企业是国家经济发展中最为重要的创新主体，依赖于企业家能够将生产要素"执行新的组合"的"才能"。从探索创新的发展过程考察，企业创新的轨迹经历了封闭式、合作式和开放式三种创新模式。其中，合作式创新和开放式创新对农业科技园区培育和提升创新能力具有指导意义，通过合作和开放，可以促进园区企业快速发展合作网络、凝聚创新能力、提升创新水平。企业合作式创新的模式主要包括与产品用户间的"互动→体验→反馈"模式，与上游产品供应商之间的"供给→改进→反馈"模式，以及与相关行业企业之间的"互补→完善→提升"模式。伴随现代信息技术的飞速发展，以信息手段为交换媒介的经济主体间互动急剧增多，开放式合作成为当代企业创新的重要源泉与主要形式，尤其以细化分工和精细化加工为特征，在全球背景下的企业合作突破了原有企业的边界，呈现全面协同的局面。

尽管熊彼特的创新理论被学术界作为创新研究的开端已成为基本共识，但即使是熊彼特自己也承认其学说中的大部分内容都被马克思在19世纪提及或论述过。金指基（1996年）指出，熊彼特承认他的"创新理论来源于马克思"。马克思先于熊彼特对技术进步与对社会发展之间的关系进行了考察，对创新活动的本质、形式、价值等均作出阐释，认为制度创新、技术创新和科学创新是巩固资本主义生产关系的重要手段。创新的主体是生活在一定历史条件下的现实的人，创新就是人们在新环境中有计划地进行创造性的实践。这些创造性实践包含三种形式，即物质生产、精神生产和社会关系生产，而人类的创新活动对应三种重要实践活动就形成了三种主要形式，即科学创新、技术创新和制度创新，并且三种创新形式之间存在依存、促进的关系。资本主义企业的技术创新在形式上表现出了对市场需求的回应,推动了人类社会向前发展,也在一定意义上成为物质生产活动的重要动力。但归根结底,企业或资本家进行技术创新的原始动力是源于对剩余价值的追逐:通过技术变革、新发明和新创造,资本家或企业主缩短了社会生产的必要劳动时间,节约或提高了生产资料的用量或效率,进一步榨取剩余价值,获得超额利润。

当代关于企业创新问题的研究均认同了技术创新是形成企业创新能力的主要来源。EnOS(1962 年)在熊彼特的创新理论框架下从企业行为的视角首次提出了技术创新的定义,他认为"技术创新是包含发明创造、资本投入、组织构建、市场扩展等多种行为在内的综合作用结果"。Sheshinski(1967 年)根据美国制造业数据检验"干中学"假说,建立"干中学"与知识模型,强调了企业创新效率与投资存在显著相关性,从而将企业技术创新和进步纳入内生性增长理论框架中来。国家创新系统理论的代表人物 Freeman(1982 年)又从市场价值实现的视角提出企业技术创新应是企业研发的创新产品和服务商业化的价值转化对企业技术创新作出重要理论贡献的研究者是 Romer（1986 年）、Grossman & Helpman(1991 年),他们通过将"技术创新与进步"内生化于经济增长模型,提出技术进步不是传统研究认为的外生变量,而是企业创新和经济增长的重要源泉,从而深化并发展了内生经济增长理论。中国技术经济学研究的开拓者傅家骥(1998 年)结合中国企业发展环境对技术创新概念作了界定,认为企业技术创新是在追逐市场盈利的目标下,通过重组生产要素和技术条件、建立高效经营系统、挖掘新产品(新工艺、新发明),并包含科技、商业、金融等多重要素　　的综合过程。伴随大数据、"云计算"等现代信息技术的广泛运用,关于企业利用信息化手段推动技术创新、提升创新能力的研究也日渐增多。Cozzarin & Koo(2016 年)实证分析了组织创新对创新绩效的影响机制,进一步挖掘影响技术创新的因素,认为组织创新是影响技术创新的新要素,从而在更为微观的视角扩展了企业技术创新的研究领域。

(二)关于创新能力体系及构成的理论

培育农业科技园区创新能力,本质上是从体制机制、激励政策、要素优化利用、主体协同创新能力等层面，瞄准园区应达到的知识创造、经济生产、社会福利目标，构筑系统化的创新能力体系。复杂系统论包含的农业耗散结构与协同耦合思想为农业科技园区创新能力体系的分析提供了理论依据。

复杂系统是由若干个功能子系统，通过相互作用与影响而形成的有机体系。按照系统科学研究的理论发展沿革划分，复杂系统理论的演化可以分为早期的系统论、信息论与控制论，以及拓展出的耗散结构论、突变论和协同论。基于复杂系统论视角，Breschi&Malerba（1997年）在国家创新、技术演化等理论框架内提出了"产业创新系统"的定义。Opthof&Leydesdorff（2010年）、Malerba&Nelson（2011年）等进一步对产业创新多系统的构成要素，如制度、企业及技术等在系统中的交互作用和演进路径进行拓展分析。

1. 耗散结构论

布鲁塞尔学派代表人物 Prigogine（1969年）将非平衡状态下的开放系统作为研究对象提出了耗散结构理论。该理论认为，当满足开放性、非平衡态和非线性作用三个重要条件时，系统的自发组织形态就可以实现。开放性能够为系统从无序状态到有序状态，或从程度较低的有序状态上升为程度较高的有序状态提供与外界进行能量交互的前提与环境；非平衡态能够为系统打破封闭、静态的停滞状态，增强与外界环境的相互作用与影响，实现从无序到有序的状态演进；非线性作用则是系统自组织状态实现的重要机制，如果组成统一系统的每个子系统能够交织互动、相互作用，就可以促生出新状态和新性质，不断改进系统的无序状态或低程度的有序状态，实现从无到有或从低级到高级的自组织状态演化。

中国学者结合农业发展的实际状况对耗散结构理论进行引入与研究，尤其是运用耗散结构理论分析生态农业系统的研究成果较为丰富。梁静溪、田世海、宋春光（2009年）基于耗散结构理论建立负熵模型，探讨农业产业化经营组织的演进。袁伟民、陈曦、高玉兰等（2011年）则基于耗散结构理论及其基本条件，从人员、理念、组织、保障及风险等多角度分析政府构建农业推广体系的优化措施。何一鸣（2019年）借鉴耗散理论分析权利规制、租金耗散与人民公社时期的农业生产绩效的联系,对我国 40 多年来的农地制度改革演化与变迁进行阐述。

2.协同论

德国斯图加特大学著名物理学家 Haken(1969 年)基于对激光系统的研究与实验提出另一种为开放系统顺序状态演进路径进行解释的理论,即"协同论"。该理论同样解释了一个开放系统从无序状态到有序状态,或从较低程度的有序状态发展到较高程度的有序状态的演化过程、决定因素以及前提条件。与 Prigogine 提出的"耗散结构论"不同的是,其强调系统内部各组成要素在达到某个临界值之后,将从原来的无序或混乱状态集合为协同关联的高度有序状态,形成自组织状态并产生巨大能量。"耗散结构论"和"协同论"分别从系统内外部的能量交换以及系统内部要素或子系统之间的协调关联等两个视角,解释一般系统的状态演进与交互作用机制。

中国学者将协同理论引入农业经济研究,在农业科技协同创新、农业企业产学研合作等领域的研究成果丰富。贾兴梅(2018 年)通过测度综合序参量和农业集聚序参量分析农业产业集聚与新型城镇化之间的协同效应,并基于区域差异实证检验了耦合协同程度的技术差异。王燕、刘晗、赵连明等(2018 年)在乡村振兴战略背景下探讨了西部地区农业科技协同创新的实现形式与路径。

(三)关于创新能力形成机制的理论

农业科技园区的创新能力是通过微观内部作用和宏观外部作用两个维度的机制共同促进形成的,两类作用机制的目标指向均是促进园区内生地形成自我发展、能力催生及效果提升的长效机制。农业科技园区农业产业创新主体的合作、协同与集聚,将成为知识溢出与吸收、技术流动与互补等农业现代化发展背景下园区创新能力形成的重要途径。因此,创新网络理论、产业集群理论与"增长极"理论共同成为能力形成机制的理论支撑。

1.创新网络理论

Freeman(1991 年)基于全球经济发展中逐渐增多的网络合作创新现象,提出了"创新网络"的定义,由此引起研究者对这种建立在网络化组织构架模式上的新型合作关系形式与组织制度安排进行探讨。企业合作创新网络本身是一个复杂系统，能够形成自组织演化，依托组织创新、研究与发展及创新能力构建三种主要活动方式，借助于"地理邻近""制度邻近"和"技术邻近"等多维邻近机制，促进网络形态的动态演化与关系结成。与协同理论相结合，企业与研发机构、社会服务机构及政府间通过协同创新机制形成协同创新网络模式开展合作，打造科技创新平台、搭建完善的产业创新体系、构建信息和技术的共享机制、打通金融支撑与投融资渠道，在政府宏观政策指导与风险调控的安全环境下运行，已成为全球经济一体化和国际分工日臻细化的背景下提升企业创新能力的重要手段。围绕创新网络形成的演化机制、结构特征、创新效率等议题，国内外学者开展了细致的研究。

关于创新网络演化与形成的影响因素分析，Koka&Madhavan（2006年）认为，企业所处的外部经济环境具有信息不对称与不确定性风险并存的特征，外部发展环境的变化是影响企业作出合作决策的重要因素，也是合作创新网络演化的主要决定因素。Baum（2010年）认为，企业以对自身组织内部的了解和能够掌握的知识资源为依据，选择适合的伙伴开展合作，"内部因素"是合作创新网络形成的主要决定因素。Checkley（2014年）以英国风险资本辛迪加为例，分析了内部因素在创新网络演化与企业创新效率提升过程中的作用。

关于创新网络的结构特征，Akbar&Giuseppe（2009年）、Gautam（2012年）、Laursen&Salter（2014年）、Tur（2018年）等从创新网络规模、密度、知识搜寻能力、企业集聚能力等视角对其结构特征加以阐释，尤其关注知识创造过程与合作网络创新过程的互动与反馈，强调知识创造、流动及吸收是企业通过合作式网络提升创新能力的重要机制。

对创新网络效率的测度是当前创新合作网络研究中关注度较高的议题，主要研究者为新经济地理学或创新经济地理学方向的学者，他们基于创新网络结构特征展开效率测度，形成三个研究方向：一是分析合作创新网络中企业与外界关系的强弱程度对网络效率的影响，在认同网络联系对效率有必然影响的基础上，提出效率伴随联系强度的增加而正向增长；二是分析创新网络中节点的联系密度对网络效率的影响，基本共识是企业合作网络密度越高越能正向促进网络效率；三是分析企业在合作网络中所处的位置对网络效率的影响，一致共识是如果企业处于合作网络的中心位置就能够直接推动创新效率。

2"增长极"理论

"增长极"理论是典型的非均衡发展理论，最早由法国经济学家弗郎索瓦·佩鲁在"发展极"概念的基础上提出。佩鲁在其著作《经济空间：理论的应用》和《略论发展极的概念》中提出了"发展极"概念，后在《增长极解释》一书中提出了"增长极"概念。以"发展极"和"增长极"为理论标志，西方学界将相关概念运用到区域经济和空间经济研究领域，提出了"不平衡增长"理论，并以"支配学"或"不平等动力学"为主要依据和分析方法，对地区发展的逻辑机制和运行轨迹进行探究。

关于"增长极"内涵的解释。对增长极的传统认知主要包含产业层次和空间层次。从产业层次界定其内涵，主要是佩鲁提出的；从空间层次界定其内涵，主要是布代维尔提出的。佩鲁借鉴物理学上的磁场理论，认为不同的经济空间之间处于长期动态非平衡过程。在经济空间或区域为外生变量的前提下，经济增长不会在区域内同时出现。为了经济区域能够最终实现均衡增长，需要先打造"经济中心"，带动其他部门增长，再由局部到整体，实现区域整体增长。这些"经济中心"作为"增长极"，是主导产业或创新企业在一定经济空间内（如城市群）集聚的结果。佩鲁将增长极的作用定义为"极化效应"和"扩散效应"，即吸引各类经济资源向增长极集中，加快极核地区自身的增长和发挥正外部性，促进技术、创新向其他地区扩散。布代维尔不同意佩鲁关于"经济空间是没有地理色彩的抽象空间"的假定，认为经济增长必须在一定地理范围内实现，提出"空间增长极"的定义。布代维尔认为，仅从地理角度进行考察，只要是增长速度快、创新能力强并能辐射周边经济发展的区域就可被认为是增长极，这个概念不需要考虑产业，从而将经济空间演变为地理空间，将经济产业的增长转化为城市集聚的增长。布代维尔用"关联效应"取代"扩散效应"，强调极核地区正外部效应对周边的带动和辐射作用，形成地区累积增长。

关于增长极的作用机制与经济效应。经济增长极作用的发挥，其机制是通过极化效应、扩散效应等经济效应达到的。极化效应是指某些具备迅速增长的产业,在率先增长的过程中引起经济资源或要素不断向该产业集中,形成产业集聚和规模经济的现象。极化效应是短期概念,该过程能够使得某些产业迅速成为增长极,但其弊端是可能导致其他优质产业因失去资源投入而萎缩。扩散效应是指"增长极"形成后,通过联动机制不断向周边地区或产业发散正外部性的过程。扩散效应是长期概念,通过具备扩散条件的产业示范效应及经济乘数作用,将生产能力、技术进步等扩散到周边行业中,最终形成推进产业或企业对被推进产业和企业的支配。

"增长极"理论之所以能够指导农业科技园区建设发展,是因为农业科技园区具备成为农业经济增长极的条件,可以带动周边加快高质量发展的步伐。一方面,农业科技园区通过获得特定的优惠政策,汇聚创新要素,吸引国内外投资,形成地域农业经济增长极,发挥集聚效应;另一方面,农业科技园区将创新成果进行转化应用,辐射带动周边产业和企业逐步进行技术升级与产品换代,带动农户脱贫就业与创业增收,实现园区功能目标,发挥扩散效应。集聚—扩散效应为农业科技园区创新能力的形成过程提供了一种机制解释。

3.产业集群理论

自 19 世纪末新古典学派创始人 Marshall 提出"产业区"概念以来,以研究产业集聚及其外部效应为主题的"产业区理论"开始盛行,直到 Porter(1990 年)首次提出"产业集群"的定义。

当前,产业集群研究已经开始向全球价值链、生产网络全球化及"全球—地方"等视角下的集群升级、去地方化和知识溢出与网络创新的领域深化延伸。研究热点集中在集群创新网络及其与全球网络的交互关系,地方产业集群与区域经济增长及发展的关系,产业集群形成路径及演化机理等问题。如李二玲(2020 年)、李雪和吴福象(2020 年)等分别从演化经济地理学、要素与技术匹配等视角,研究中国农业产业集群、长江经济带产业集群的发展脉络与生成机制;Martin&Sunley(2006 年)探讨路径依赖、区域锁定在地域经济格局改变与演化进程中的作用;Dagnion(2015 年)对组织网络规模、行业知识特征等因素对企业创新过程和创新网络生命周期的影响进行分析。石乘齐(2019年)指出网络内部的知识提升和外部的目标刺激共同推动创新网络的演化进程研究的视角发生了转变,从传统的关注地域根植性和地域网络,转向对外部环境及全球背景下的网络连接问题的研究,提出了包括地理邻近在内的多维邻近机制所促成的产业集群,是企业能够进一步催生出创新的本质原因。如 Bathelt(2004年)提出了本地蜂鸣和全球通道的概念,强调地域性向全球性的过渡与影响;Li(2015年)通过对临时贸易集群作出动态解释,提出交易会或博览会等具有临时性、多样性和外部知识来源迅速交流互动的集群,对企业创新有促进效果。Turkina(2016年)基于知识集群和全球价值链视角,以北美和欧洲52个航空航天集群内外部合作网络为对象,发现联系网络存在着由本地化向跨地域化发展的趋势。

农业科技园区在其"核心区"进行的创新活动,带来的最直接效果是园区"辐射区"和"示范区"的农业高新企业不断集聚、产业结构调整及转型升级。产业集聚、结构优化与转型升级,既是农业科技园区开展创新活动的预期良好结果,也反馈于园区巩固产业优势、增强示范效果并推动创新能力的再培育、再深化与再强化。产业集群理论关于集群网络等研究的延伸,能够为农业科技园区创新能力的培育途径开辟新的研究思路。

二、农业科技园区创新能力研究的文献评述

设立农业科技园区是在20世纪90年代国内农业发展相对滞后、产业结构亟须调整的时代背景下进行的一次强制性制度变迁。中国农业科技园区始终以体制机制改革创新为目标,是结合中国国情实际进行的、以科技为主导的农业产业内涵提升模式的有益探索,具有鲜明的中国特色与新时代特征,与国外农业产业园或农业观光园有本质的不同。因此,本书在对国外农业园区研究简要梳理的基础上,重点对国内研究者20年来的文献成果进行述评。

(一)国外相关研究

国外文献大多从农业园区的功能视角出发,基于较为完善的农业科技体系,讨论农业园区在农业知识教育、休闲观光、技术推广等方面的作用。Kim(2003年)关注农业园区和农业技术推广中心(ATEC)对于普及

农业教育、提升农户科技意识的研究,认为对返乡移民和青年农民,应有针对性地提供不同的教育方案,重视互联网教育在未来农业教育推广计划中的重要功能。Cui(2005 年)将农业科技示范园定义为农业产业的新型组织形式,以农户生产及农产品销售为研究对象,分析政府在园区管理中的作用,对园区建设过程中产生的经济效应、社会效应、生态效应和示范效应进行阐述。Ouyang(2013 年)基于低碳休闲农业的发展模式视角,探讨低碳设施、低碳环境和低碳管理方式对农业科技示范园区打造休闲农业和旅游观光功能的实践影响。Geberaldar(2014 年)以苏丹农业园区在国家技术推广体系中的功能发挥为分析对象,讨论农业推广体系的特征、模式、治理结构和技术咨询服务功能,认为发展中国家建设农业园区应重点解决农业推广服务面临的主要问题,疏通推广组织与创新承接对象之间的联系。Ogbu(2015 年)以尼日利亚的 EnuguState 农户为研究对象,从农户接受创新溢出的视角,探讨农业园区对提升农民种植技术的影响及作用,并认为尼日利亚乡村地区科技服务和技术推广的能力不足,创新应用的成本过高,农民不愿意采用新的农业创新。Nasibeh&Nader(2017 年)则以伊朗农业园区为研究对象,将中小企业的支持、园区与大学和研究中心的关系等因素纳入结构方程模型,分析影响园区生产与商业创新的因素及其作用效果。

(二)国内相关研究

国内学者围绕中国农业科技园区创新能力问题展开研究,成果较为丰富,为探究农业科技园区创新发展问题作出了重要的贡献。国内文献主要涉及三个方面的研究内容,分别是"农业科技园区创新能力的评价体系构建与评估"研究、"农业科技园区创新能力影响因素与示范效果分析"研究、"农业科技园区要素集聚与技术扩散的机制与模式"研究。

1.关于能力评价体系的构建与评估研究

当前评价农业科技园区创新能力水平的研究成果特别丰富,也是与本书主旨——园区"创新能力培育"研究关系最为密切的领域之一。该方向的研究内容是,通过实地调研、问卷调查等统计调查手段,选取能够反映农业科技园区创新水平的指标,利用统计方法确定指标权重并构成评价体系,对已完成一个以上建设周期的农业科技园区进行评估与排序,并以此来比较不同农业科技园区的创新能力水平。

从评价指标体系的来源考察,当前研究者使用的评价体系主要有两个来源:一是科学技术部历年发布的农业科技园区创新能力评价报告中使用的能力评价体系;二是研究者根据实地调研情况进行分析、自主构建的能力评价体系。中国农村技术开发中心《国家农业科技园区创新能力评价报告》提供的评价体系,包含"创新支撑""创新水平"和"创新绩效"3个一级指标和82个二级指标。研究者自主构建的评价体系,指标相对多样化:钟甫宁、孙江明(2007年)运用层次分析法(AHP)进行指标赋权,构建了包含"建设基础效益""内部效益""外部效益"3个一级指标和36个二级指标的科技示范园区运营能力评价体系。潘启龙、刘合光(2013年)基于SWOT、波特钻石模型,运用层次分析法进行指标赋权,构建了包含"基础建设""扶持政策"等6个一级指标和45个二级指标的现代农业科技园区竞争力评价体系。刘丽红、李瑾(2015年)采用专家意见法和层次分析法等进行指标赋权,构建了包含"创新水平""创新支撑""创新绩效"3个一级指标和36个二级指标的能力评价模型。彭竞、孙承志(2017年)分析了层次分析法的不足,利用网络分析法(ANP)进行指标赋权,构建了包含"运作管理""文化创新"等6个一级指标和24个二级指标的创新能力评价模型。周华强等(2018年)从农业科技园区应具备的功能视角,构建了包含"创新引领""创业孵化"和"示范带动"3个一级指标和14个二级指标的评价体系。夏岩磊(2018年)采用因子分析及得分赋权,构建包含"成果产出""要素投入""信息技术""扩散辐射"4个一级指标和14个二级指标的衡量体系。谢玲红等(2019年)则从乡村振兴视角,构建了包括3个一级指标、11个二级指标、28个三级指标的绩效评价体系,对农业科技园区在示范和辐射层面的功能发挥作出评估。

在构建评价体系基础上,国内学者以具体的农业科技园区为对象,利用评价体系对这些园区的创新能力水平进行评估,并根据评估结果提出了提升农业科技园区创新发展水平的对策建议。夏岩磊(2017年)依据《国家农业科技园区创新能力评价报告》评价体系对安徽6家完成第一个建设周期的国家农业园区创新能力进行水平评估,提出强化"人才引进与培育""创新平台建设与完善""社会资源投入与金融支撑"对促进提升创新能力有重要作用。雷玲、陈悦（2018 年）从技术创新、制度创新、环境支撑三个角度构建指标体系，评估了陕西杨凌国家农业科技园区的创新能力，强调人力资本、政策支持和平台建设对园区创新能力提升的重要性。谢玲红、毛世平（2018 年）采用主客观组合赋权法构建指标体系，对京津冀地区 7 个国家农业科技园区创新能力进行评价，提出通过加大农业科技企业孵化器培育、增强产业带动能力和强化科技协同创新等措施的力度，以提高农业科技园区创新能力。张新仕等（2019 年）利用主成分分析法构建包含"基础条件""推广与产出""效益与带动"等指标的评价体系，对河北省的三河、邯郸和唐山国家农业科技园区促进高新技术产业化的效果作出评估。

2.关于能力影响因素与示范效果研究

与本书主旨研究关系最为密切的第二个研究方向是关于农业科技园区创新能力影响因素的剖析，与之对应的是，对受各类因素影响下的建设与示范效果的研究。该方向的研究内容是，剖析农业科技园区特有的创新能力决定因素，考察不同园区在创新发展中的经验做法，评估经济效益。

一是关于创新能力影响因素的剖析研究。周立军（2010 年）搭建了以知识流动、组织学习和社会资本为要素的创新能力分析架，提出农业科技园区创新能力的来源是现代知识的创造能力、参与主体的学习能力及维持社会资本顺畅的运行能力。王淑英（2011 年）基于知识转移的小世界网络模型，分析了特征关系、知识转移频率等对农业科技园区知识交流的影响。李洪文、黎东升（2013 年）提出农业科技园区创新能力由"创新产出""创新转化""创新投入""创新支撑"四项子能力构成。王俊凤、赵悦（2016 年）以 10 个省份 66 家农业科技园区为对象，分析了"信贷资金""民间融资""风险投资"等金融因素在园区能力建设中的作用，提出合理配置资金、优化投资渠道有利于提升园区创新水平。霍明等（2018 年）基于 AHP—TOPSIS 与障碍度分析模型，认为科技人才缺乏、R&D 经费投入、创新发明等成果数量较少等因素制约了园区创新能力提升。常亮、罗见朝（2019 年）使用 K 值聚类和有序 Logit 模型等统计与计量方法，以 115 个国家农业科技园区为对象，分析影响园区创新能力的主导因素及发展瓶颈,他们认为加大研发投入力度、营造良好环境和吸引科技人才是促进创新能力水平提升的关键。

二是关于创新能力建设效益的分析研究。朱学新、张玉军(2013 年)对江苏省的农业科技园在区域经济社会发展中的作用进行分析,提出农业园区的创新发展对融洽社会关系、完善基础设施、促进农民增加收入和市场活跃度、提高劳动利用效率等方面具有正向促进作用。郑宝华、王志华、刘晓秋(2014 年)也以江苏省的农业科技园区为对象,运用结构方程模型等方法,提出农业科技园区"政策环境""金融环境"等因素的完善有利于提升创新能力、提高创新绩效。王俊凤、刘松洁、闫文等(2017年)以黑龙江省 34 个农业科技园区为对象,评价园区运营效率,提出"运营投入力度"和"投入结构"的合理性是影响农业科技园区运行效率的两个关键因素。雷玲、钟琼林(2018 年)以陕西省 7 个农业科技园区为对象,构建包含 5 个一级指标和 21 个二级指标的综合效益评价指标体系,并用模糊综合评价法进行园区效益评价。王莎莎、张贵友(2018 年)选取全国 40 个国家农业科技园区,利用主成分分析,对其综合效益进行评估和排序。夏岩磊(2018 年)利用增长极理论,构建包含极化效应指数、扩散效应指数和综合效应指数在内的多维评价体系,对长三角地区 16 个国家农业科技园区进行综合效益测度和聚类分析。夏岩磊(2018 年)还根据生产要素性质差异,将农业科技园区投入要素区分为创新要素和传统要素,构建知识与技术进步模型,分析两类要素在农业科技园区产出增长过程中的作用,并估计了东部、西部和中部共 106 个国家农业科技园区的要素产出贡献率,提出促进园区产出有效增长的措施建议。钱政成、吴永常、王兆华(2019 年)以山东省 145 家各级农业科技园区为对象,分析了园区发展过程中存在的问题,提出促进园区建设效果提升的建议。

3.关于能力集聚与扩散的机制与模式研究

农业科技园区创新成果的研发、转化与推广过程,也是以先进技术为核心的创新要素集聚和科技成果扩散的过程,这个过程也是农业科技园区创新能力形成过程和创新能力发挥作用过程的重要衔接。国内学者对该领域主要关注技术集聚的形成机制和成果推广模式的效率等内容。

一是关于农业科技园区创新要素的集聚机制及实现方式研究。王树进（2003年）较早地对中国农业科技园区技术集聚的机制与形式等问题进行研究，将农业科技园区技术集聚定义为"先进技术向园区集中和聚合的过程"，提及"展销代理"的集聚机制。杨敬华、蒋和平（2005年）从产业链和价值链的构成模式出发，提出技术集聚和集群创新促进农业企业进行技术创新。杨敬华、许越先（2007年）进一步从集成创新视角出发，分析了农业科技园区的内外部创新环境（尤其在信息、技术和知识流动的背景下），提出通过打造集群创新平台来促进要素集聚的机制。赵黎明（2014年）将农业科技园区技术集聚定义为农业技术以农业科技园区为载体进行的集中、示范、辐射和推广过程，是集中与扩散的双向互动。翟印礼、赵黎明（2016年）将农业科技园区技术集聚的动因与机制归纳为"区位吸引""效益驱动""技术公共物品属性"及"制度与政策激励"。罗广宁等（2019年）基于科技成果转化基础和科技成果转化水平两个层面，分析"十二五"期间广东省16家农业科技园区的科技成果转化现状，提出注重国际合作、技术引进、新品种研发等影响成果转化的因素。

二是关于农业科技园区创新成果的扩散机制及推广模式研究。蒋和平（1995年）结合中国农业发展实际，首次提出了"高新技术改造传统农业"的理论，主张通过技术的创新、传递和转化来提升我国传统农业发展，分析了改造过程的指导思想、技术体系和运行模式，并在2000年以后多次运用该理论分析农业科技园区技术集聚与扩散、示范推广模式等问题。刘战平（2007年）将农业科技园区定义为准公共物品，并区分三种园区类型，分别根据类型特点总结农业技术扩散机制。刘笑明（2008年）从地理学视角，分析农业科技园区技术与创新的时空特性和扩散机制。康艺之、黄修杰、熊瑞权等（2011年）以广东省农业科技园区为例，构建了"技术源头－扩散渠道－技术受体"的技术扩散机制分析框架。杨海蛟、刘源、赵黎明（2012年）以全国36个国家农业科技园区为研究对象，运用修正的不变替代弹性（CES）模型测度产业集聚条件下的园区技术扩散效率。杨旭、李竣（2015年）以外部性理论为基础，分析多元化的新型农业经济主体优化农技推广体系的演化逻辑，提出政策体系的优化调整措施。李同昇、罗雅丽（2016年）将农业科技园区定义为"技术极"，通过考察园区与周边的"位势能"差距,总结农业技术扩散的时间和空间规律,分析农户承载农业科技园区技术扩散的行为机制。王昭等(2018年)从园区空间布局的角度,分析农业科技园区的时空演变对要素集聚与技术扩散的影响,提出促进对策。于正松、李小建、许家伟(2018年)以过程控制论为基础,构建了农户采用农业技术行为的三阶段扩散系统,提出保障农业技术扩散顺畅实现的措施与对策。张跃等(2018年)基于供给侧与需求侧的结构差异,提出科技成果转化的对接机制与实现机制,并从刺激需求与扩大供给两个方面提出改进措施。吴圣等(2019年)基于三产深化融合的视角,以陕西杨凌国家农业高新技术产业示范区建设为例,阐述典型园区在农技扩散层面的经验及启示。关昕、胡志全(2019年)基于科研单位在"一带一路"倡议中如何走出去的视角,论述我国农业科技向国际市场扩散的途径与成效。

(三)文献评述

通过梳理与本书研究主题——"农业科技园区创新能力形成与发展"密切相关的三个方向的研究成果,即"农业科技园区创新能力的评价体系构建与评估""农业科技园区创新能力影响因素与示范效果""农业科技园区要素集聚与技术扩散的机制与模式",可以清晰地作出总结。

一是围绕上述领域和研究方向的成果非常丰富,层次较高,接近国际前沿;二是研究方法新颖多样,引入数理统计和计量经济手段开展相关研究,实证色彩明显;三是结合中国农业科技园区现实运行状况较为紧密,提供了大量的园区实践案例和经验总结。对上述研究成果的梳理,为本书研究奠定了坚实的基础。

但是,深入考察上述三个研究方向及其产生的丰硕成果,也存在着一定的不足,主要体现在以下三个方面。

首先,上述研究成果存在一种共性的研究特征,就是将"农业科技园区是否具备创新能力"这个问题的答案假定为"是",从而在这个"已具备创新能力"的框架下,关注园区开展各种活动所产生结果的优劣。显然,园区只要开展工作,必然就会有工作结果,但这种结果却未必是"创新"的结果。如果不具备创新能力,所取得的工作结果可能仅仅是因为"复制"了其他园区的做法,并且这种复制的做法恰好在本地园区也有同样效果。一旦这种复制不能适应本地域独有的特征和环境,则这些无创新性的"复制"就没有效果可言,更不能促进园区良性发展。换言之,不具备真实创新能力的园区确实能够通过"复制"或"模仿"其他园区的做法取得一定工作效果,但这些效果不具备长久的生命力,对园区的长足发展没有意义。反之,如果园区具备真实的创新能力,能够在深入了解本地域、本园区自身特征和优势的基础上开展各项工作和活动,就能够因地制宜、取长补短,保障园区在不同的经济发展阶段都能够完成时代赋予的任务和目标。

随之而来的疑问是"什么是农业科技园区的创新能力""创新能力的来源是什么""怎样形成创新能力"等问题。回答上述问题的过程,就是为农业科技园区创新建设与高质量发展提供方法论的过程;解决上述问题的关键,就是突破现有研究的"既定框架",厘清农业科技园区创新能力的本质来源,理顺形成创新能力的多重凝结机制。

其次,如果将农业科技园区视为一个能够发挥正外部效应功能的创新增长极,那么,打造这种以农业科技园区为核心、带动周边发展的区域农业经济"局部峰值"的过程,也是锤炼农业科技园区不断形成创新能力、强化辐射力的过程。同时,农业科技园区创新能力培育的"程度"必然内在地决定这种区域创新功效的"峰度"。基于此,若将农业科技园区不断打造创新能力的过程视为一个动态的功能性系统,则其运行发展的逻辑轨迹,应蕴含"创新能力形成—科技成果试验与产出—成果应用与扩散推广—创新发展目标实现"的本质性过程。进一步将上述过程分解,农业科技园区从建设初始到稳态成熟的功能性系统演化轨迹可以分成三个阶段:溯源筑基阶段(寻求创新能力源泉、促进创新能力形成)、试产示范阶段(创新成果研发成功、经验推广示范)和进阶引领阶段(园区功能高效发挥、奋进高层次发展目标)。

"溯源筑基"是最基础也最重要的阶段,直接关系后续两个阶段在时空上的继起和延续,决定园区创新建设的水平和质量。从这个视角出发,农业科技园区应首先形成"创新能力",然后再发挥功能、获得效果;至于能否提高资源集聚和扩散效率、能否达成带动引领的目标,均为"创新能力"形成以后产生的结果,由第一阶段中形成的"创新能力"高低决定,因此,"溯源筑基"为"因","试产示范"和"进阶引领"为"果",三者关系不可混淆。

当前,研究成果中业已发现和总结的园区创新建设过程中存在的共性问题,如"运行模式趋于同质引致的发展动力不足""技术扩散与推广模式单一引致的带动辐射能力不足""科技成果研发与转化效率低下引致的创新效率不足"等,均可以归结为"农业科技园区创新引领能力不足或缺失"问题,深入剖析第一阶段的形成与演化过程,是决定园区具备创新引领示范意义、探索现代农业发展新机制以及完成国家赋予的建设目标的关键问题。

最后,农业科技园区所要具备的"创新能力",应是能够适应国家在不同发展阶段对农业经济发展提出的多元化需求,并以与多元化需求相配合的多元化建设目标为导向,包含多种创新子能力且与多元化建设目标形成"对应关系"的功能体系。这种功能体系既不能简单地采用"创新支撑""创新条件"等模糊的概念作为构成要素,也不能大而化之地使用"制度创新""融资创新""企业文化创新""人才政策创新"等无边界的"创新"作为构成要素,必须紧紧抓住现阶段国家赋予农业科技园区的任务和目标,有的放矢地构建园区创新能力体系,明晰各项子能力的内涵,剖析子能力形成的动力机制,实施各类有利于机制顺畅运行的措施与政策,农业科技园区创新能力体系与建设目标体系之间的关系。

当前,研究成果正是因为将农业科技园区"创新能力"的形成过程和构成要素的分析过程视为一个"黑箱",类似于早期新古典经济学的生产理论将企业视为一个"黑箱",从而忽略了对"创新能力"来源问题和维持创新产出动力问题的剖析,仅仅关注对园区工作绩效的评估(诸如年均产生多少专利、多少新品种、带动多少就业等)。因此,对应农业科技园区应实现的建设目标,园区应基于自身现实强化优势、补足短板,构建创新能力体系。

基于对农业科技园区"创新能力"内涵的重新界定与分析,当前研究成果在上述三个方面存在不足,可能引发的研究误解表现为以下几方面:第一,将"创新"视为既定研究框架,模糊了"创新行为"和"创新能力"的概念边界,从而将本应是"形成创新能力—开展创新行为—获得创新结果"的过程,误解为"开展创新活动－获得创新成效"的过程,不能认清农业科技园区能够进行创新活动是因为具备了"创新能力";第二,掩盖了"创新能力"对农业科技园区从事创新行为的重要作用,从而不能认清园区创新行为的结果取决于前期"创新能力"能否得到较好的培育,也就无法解释为什么不同园区后期建设效果存在差别以及产生差别的根源是什么;第三,缺乏对农业科技园区"创新能力"形成机理的分析,从而不能认清这种能力是怎么产生的、应该如何去培育,也就无法为园区在适应"乡村振兴"战略、"创新驱动"战略等重大部署要求以及面对复杂经济条件时抽离出本质,抓住主要矛盾和矛盾的主要方面,从而提出对策措施与发展建议。

综上所述,本节在重塑农业科技园区创新能力内涵与构成的基础上,深化对创新能力形成机理的分析,构建以园区发展目标为导向的创新能力逻辑体系,提出培育园区创新能力的可行模式,为政府和园区未来实现高质量发展提供理论参考和决策依据。

本节梳理了有关农业科技园区创新能力培育和建设发展的基础理论,重点阐述了企业创新能力理论、复杂系统论、创新网络理论、增长极理论和产业集群理论等对园区创新能力的内涵、体系的构成及影响因素的梳理等方面提供的理论指导,为园区及其企业通过集聚、合作及主体协同、优势互补等微观和宏观的创新能力形成机制提供分框架。进一步针对国内学者近年展开的三个方向,即"农业科技园区创新能力的评价体系构建与评估""农业科技园区创新能力影响因素与示范效果分析""农业科技园区要素集聚与技术扩散的机制与模式"等研究成果进行评述,一方面总结和梳理现有文献成果,另一方面剖析当前研究尚待完善之处。

第二节　农业科技园区创新能力
形成过程的机理分析

将农业科技园区不断打造自身功能的过程视为一个动态的经济系统,则"科技创新"是"示范推广"的基础,"创新能力"是"科技创新"的源泉,"功能目标"是"创新能力"的靶向。按照国家对农业科技园区未来发展定位的要求,园区面对的是包括多项经济目标和社会目标所组成的"目标体系"。因此,若将农业科技园区创新能力的形成过程纳入该"目标体系"实现的框架中来,园区创新能力的具体表现就应是与该"目标体系"相适应的"功能体系",从而创新能力的形成过程就是一个以农业科技园区为系统的演化过程,遵循"创新要素投入-决定因素影响-形成机制作用-功能体系形成"的逻辑链条。因此,本节基于实现功能目标的维度,对农业科技园区创新能力形成过程进行理论剖析,可以分解为两个具有密切联系的问题:创新能力形成的决定因素研究和创新能力形成的过程机制研究。

本节围绕上述问题,对影响创新能力形成的内部和外部因素,以及各种因素相互作用的动力机制进行理论分析,以期在理论层面对能力形成问题划定研究边界,为下一步进行的实证分析奠定基础。

一、农业科技园区创新能力形成过程的决定因素

农业科技园区创新能力的实现,一方面需要园区内部各类型参与主体围绕目标任务开展创新活动;另一方面也需要与园区外部更为先进的生产力建立积极联系。这种依托内外部先进力量带动发展的需求,决定了农业科技园区在塑造自身创新能力的过程中同时受到内部和外部运行环境等因素的影响。园区也正是在充分协调各级政府、科研院所、内外部农业企业和科技服务机构等多重主体互动和反馈的基础上,形成制度创新、知识流动、技术互补、平台服务等创新子能力,最终成为具备强劲创造力、能够适应国家对农业不同发展阶段要求的创新系统的。

从影响园区创新能力形成的内部因素来看,主要包括三个类别:环境类因素、生产类因素、平台类因素;从影响园区创新能力形成的外部因素来看,主要包括两个类别:地域特征类因素和关系网络类因素。这些因素通过不同的作用渠道,对农业科技园区创新能力的形成过程发生影响;同时,农业科技园区创新能力的作用渠道(即形成机制)受到"系统开放环境"与"系统封闭环境"下的条件差异影响,从而在差异化的形成机制作用下,形成"双重机制调动两类因素"的作用模式。

（一）内部决定因素

信息化水平、政策制度、创新性质的生产要素及知识研发与生产平台等要素，共同构成了影响农业科技园区创新能力的内部决定因素。从农业科技园区内部运行视角出发，按照涉及的企业、政府、高校、科研院所、科技中介机构及农户等多类型参与主体各自在园区创新发展进程中的作用，可以将上述要素划分为环境类因素、生产类因素和平台类因素。

1. 环境类因素

企业创新活动的顺利实施离不开企业所处的生产环境，这种生产环境既包含以交通运输、厂房设备等物质生产所必需的基础设施硬环境，也包含政策制度、知识技术、企业文化等在内的软环境。结合农业科技园区建设运行的现实而言，影响园区创新能力形成的环境因素主要是以促进知识、技术和信息共享的信息化建设因素，以及以激励政策和规范制度提升企业创新效率的制度因素等为代表的软环境因素。原因在于，国家农业科技园区的选址大多在城市市郊或农业发展比较有优势的地区，道路桥梁、水电供应、运输状况及企业生产所需的硬件基础设施均相对完善，不会对园区及企业发展形成制约或阻碍，但是园区所在地区的政策扶持情况、各级主管部门的重视程度、信息交流与共享状况乃至农耕文化传统等方面却存在着较大程度的差别。因此，能够对农业科技园区创新能力形成过程产生影响的环境因素，主要是信息化建设情况及制度环境建设情况。

制度环境对企业创新活动有重要影响。较早的针对制度环境如何影响企业创新的探讨是 Baumol（1990 年）进行的，在熊彼特对"企业家才能"分析的基础上，将其视为与其他生产要素一样的生产环节的投入品，探讨"企业家才能"应如何进行投入配置从而获得最大效益。Baumol 将"企业家才能"作为外生变量，认为一定时期内的"企业家才能"要素是固定的，但在不同的制度设计和政策环境下，具备企业家才能的人在生产性活动和非生产性活动中的转换将导致这种特殊要素的产出不同，合理的政策制度环境将促进具备企业家才能的人有效发挥这种特殊要素的作用，促进社会总产出的增长。关于制度环境影响企业创新行为的方式存在两种代表性观点：第一种代表性观点认为，制度环境与企业创新行为之间存在明确的线性相关关系,如 Yang&Tseng(2012 年)以中国台湾地区的制造业为对象分析了环境规制、R&D 投入及创新产出之间存在线性关联;Steinmo&Rasmussen(2016 年)选取已经获得成功的创新项目为案例,分析了企业与研发机构合作的状态环境对企业创新产出的线性影响。第二种代表性观点认为,制度环境与企业创新行为之间存在复杂的非线性关系,由于受到规制强度、政府补贴性质与程度、企业产权类型等具有门槛效应的因素影响,两者之间的非线性关系不能给出统一的形状描述。如赵岩(2018 年)以高新技术企业为样本进行分析,发现市场竞争、政府支持和企业创新之间存在非线性的交互影响,且不同程度的政府支持模式带来的影响效应存在差异。张宽、黄凌云(2020 年)认为,政府创新偏好与区域创新能力之间存在非线性影响关系。上述两种代表性观点虽然在制度环境如何影响企业创新行为的方式上存在分歧,但都明确指出了制度环境对企业创新活动的决定性影响,这种影响的作用方式是通过规制和激励,在最优化的目标下对企业家等行为主体重新合理、有效地配置创新要素,以及对资源进行积极干预,从而获得创新效果。

信息交流与共享环境的营造,能够推动农业科技园区高效运行,降低信息不对称给园区企业带来的市场经营风险,降低企业在内部决策和外部交易中的各类成本,通过信息交换与技术合作等机制培育创新能力。完善的信息化建设程度及其相应的信息共享制度对提升农业科技园区创新能力有积极作用,已经被国外有代表性农业园区的客观实践所证实。美国政府搭建了农业领域内的"国家-地区-州"三级政府信息网络,不仅实现了农业园区的信息共享,而且将有效监管纳入园区信息建设中。德国政府依托电子通信系统开发并搭建国家农业信息网络,提高农业园区生产效率和决策服务水平。法国政府免费提供全国范围内的多类型农业信息服务,降低交易成本,使技术共享顺畅,提高国家农业生产效率。澳大利亚政府的现代信息化建设推动农业发展模式更为显著,借助于信息科技和电子技术的产业优势,通过市场需求及国家政策的导向作用,建立了包含生态、加工、服务和出口一体化的农业发展新模式。信息共享机制的建立及信息化建设的完善,将极大促进和提升园区内外部交流的便捷与效率,最大限度地降低信息障碍引致的不确定性风险,增加园区、企业及各类型参与主体间的合作机会并降低合作成本,通过形成主体间的协同创新关系实现优势资源和知识技术等创新要素的互补利用,极大地提升农业科技园区的创新能力水平。

2.生产类因素

农业科技园区形成自主创新能力,核心内容是在政府指导、园区管理、多类型主体参与创新的宏观和微观环境下,促进园区农业产业化龙头企业形成科技研发、高质量产品生产和辐射带动能力,实现园区承载和预期的经济社会目标。科技研发、辐射带动等能力的塑造,需要蕴含在高水平的研发活动中,依托生产要素,尤其是依托符合农业现代化要求的,具有创新性质的,以具有创新精神、掌握先进农业技术的创新人才为核心生产要素集合进行凝结和形成。具有创新性质的生产要素,包含区别于传统劳动力的研发人员、区别于一般资金性质的研究与发展经费,以及用于创新生产所必需的土地资源。加大创新性质要素的投入力度,有助于农业科技园区加快形成创新能力,高质量实现园区各类发展目标。

以科技研发人员为代表的技术创新人才,是推动产业升级、传播前沿技术、提高产品竞争力的核心要素。农业科技研发人员是具有专业知识技能和丰富创造力的人力资本,是促进先进农业知识和技术交流的重要载体,能够盘活和带动其他具有创新性质的生产要素及地方优势特色的禀赋资源。农业科技园区作为政府干预并促进农业高质量发展的强制性制度变迁形式,具有显著的产业集聚特征。因此,科技研发人员促进农业科技园区创新能力提升的路径,就是通过促进园区农业产业结构调整与优化,进而推动园区创新产出增长的模式得以实现。农业科技园区企业汇聚科技研发人员形成知识生产部门,产出以发明专利、新品种、新技术为代表的各类知识产权,为农产品生产部门提供中间品,一方面,优化了园区所在地域的农业产业结构,实现了农业产业链和价值链的延伸与提升;另一方面,通过高效提升园区的农业全要素生产率,推动园区创新产出的经济增长。

以研究和发展(R&D)投入经费为代表的创新资金是保障农业科技

园区企业开展科技创新、研究开发、技术推广等活动顺畅运行的重要基础。充足的 R&D 经费投入，一方面，通过为园区企业开展创新活动提供资本供给，吸引科技研发人员，购置先进的技术设备等物化生产要素，在"干中学"的机制下以研发项目为载体进行知识和技术的吸收、转化和应用，达到园区创新能力孵化培育的目的；另一方面，通过为人才、知识的交流互动提供保障，促进农业技术进步和产业结构升级，不断研发和推广植物、动物新品种及种植、养殖新技术，降低种植业、养殖业或农产品加工业等生产活动对生态环境带来的负面影响，实现生产绿色发展与生态环境保护的和谐同步。

以农业科技园区核心区建设面积为代表的土地资源投入是保证园区农业企业研发创造、管理机构运营协调、农户技术采用及生产等各个创新活动环节能够顺畅运行的重要条件。农业科技园区土地资源投入，一方面，通过对生产空间、生活空间和生态空间的规划与布局，充分发挥土地供给量固定前提下的最优化使用效益，最大限度地满足技术研发、成果试验和示范推广等环节对土地要素的需求；另一方面，通过提高土地利用效率促进全要素生产率、提高土地投融资强度吸引财政资金和各种用于创新创造活动的经费，改善研发、生产、商贸服务等条件建设，为园区创新能力的培育提供物质基础。

3. 平台类因素

塑造农业科技园区创新能力，前提条件是有力的激励政策、丰富的资源要素和优秀的创新人才能够通过一个有效的媒介进行汇聚，通过能力凝结机制产生知识、技术密集型的农业创新成果，展开推广示范，实现带动和引领的经济与社会目标。以创新要素集聚为特征的科技研发平台、以提供科技信息服务为内容的科技资源共享平台和以现代信息技术为依托的电子商务平台，可以充当政策、人才及要素的汇聚媒介，承担要素凝结、知识传播与成果扩散等任务目标的中介载体。

科技研发平台的核心功能是在要素集聚基础上研究与开发新产品、新技术与新方法，运行机制和组织方式则是以科研机构、大学院所和高新技术企业为主导，以政府、科技服务机构、金融机构等为辅助，以完善的市场机制为衔接的多类型主体的协同创新，并在要素整合优化的过程中实现研究与发展活动的效用与价值。科技研发平台促进农业科技园区创新能力形成的主要机制，就是通过创新要素集聚和多主体协同创新模式，形成网络化的组织合作形态，谋求知识增值与技术升级，在主体信任机制、资源整合机制、共享协调机制等共同作用下，将新知识、新技术通过扩散渠道进行有效推广，实现示范引领与带动发展的经济与社会目标。在激励政策和制度规范的环境下，高水平的科技研发平台能够高效并迅速地实现能力辐射、资源共享、信息交换与集成创新，最低成本地吸引和运用外部资源"为我所用"，极大促进农业科技园区创新成果产出和创新能力提升。

科技资源共享平台和电子商务平台通过提供技术服务、充当商贸流通媒介等方式，成为推动农业科技园区服务带动周边企业、新型农业经营主体、普通农户获得高水平农业技术、提升科技素养、获得产品市场销售渠道、快速实现商品价值的重要手段。科技资源共享平台和电子商务平台等服务平台的核心功能是解决农业科技园区企业、新型农业经营主体、普通农户等经营主体在与外部市场链接过程中的信息不对称问题。从农业科技需求方考察，地域限制下的农业科技园区企业或其他经营主体的技术需求，在狭小地域内可能无法得到满足：一是狭小地域的技术供给数量较少；二是技术水平或研发能力与技术需求不匹配。从农业科技供给方考察，地域限制下的、具有强劲研发能力和技术产品的企业、机构，高水平的技术溢出没有足够的承接和实现载体。突破地域限制的重要方式是信息共享和科技资源共享，通过信息技术和平台媒介将技术供给与技术需求进行有效衔接，缓解信息不对称引起的供求失衡。电子商务平台同样通过线上和线下两类渠道为农业科技园区企业、农户生产的产品提供信息流辅助，扩展销售渠道，扩大品牌知名度，扩大市场占有率，协助园区产品实现货币价值，获得稳定回报。

（二）外部决定因素

农业科技园区所在地域的自然地理条件、区位经济特征、与国际国内行业伙伴形成的合作关系均对园区在市场机制下能否具备竞争力产生决定作用，从而共同构成了影响农业科技园区创新能力的外部决定因素。从外部因素对农业科技园区创新能力的影响方式出发，可以将上述要素划分为地域特征类和合作关系类两大类决定因素。

1.地域特征类因素

农业科技园区是经济系统和社会系统的综合体,与工业高新技术园区存在显著的根植性差异。这种根植性体现在:不同工业高新技术园区的建设模式和发展路径存在高度可复制性,在一定的土地资源、厂房和机械系统设备保证下,工业产品的研发和生产可以仅依赖于产业分工而不依赖于当地的社会网络和文化环境;但是,农业科技园区的成果研发、应用转化是在农业产业范围内,其研发的新品种、新产品不仅受到当地土壤状况、气候条件等自然地理特征制约,还受到当地传统文化和农耕习惯的影响,致使外来农业物种能否在本地适应、改良并产业化等都存在极大的不确定因素,从而园区建设模式和发展路径存在不可复制或部分不可复制的形态。因此,农业科技园区所在地域的自然地理特征、农业资源特征、社会网络与文化特征及园区之间的空间分布结构,都对创新能力的形成产生影响。

农业科技园区的技术引进、研发推广、带动示范等一系列创新活动都与地理因素密不可分。因此,探讨创新要素对知识创造、经济生产及社会带动的影响就必须将地理因素纳入考察范畴,以地理集聚为基本特征,农业地区的优势和特色产业将通过研发活动和创新行为逐步形成创新集群,从而引发农业生产活动依据"成本—收益"原则,从较高成本地区向较低成本地区移动,最终在创新集群基础上进一步形成生产集群。因此,地理特征成了新的地域分工和要素使用格局的影响因素。产业集群的经济效应发挥需要建立在专业化和合理分工的基础上,集群内的构成要素更是首先通过地理邻近产生联系和合作关系,逐渐形成具有内部互补和外部学习形态的创新网络,促进集群创新。地理差异作为重要因素在农业科技园区创新活动及其演化过程中不能置于外生的重要因素,园区企业的农业科技创新和示范引领效果均显著地呈现园区地理区位、禀赋资源等地域特征的影响痕迹。以自然条件差异、社会文化差异和资源禀赋差异为主要内容的地域特征要素通过"优势互补"和"后发赶超"两种方式来激发农业科技园区的知识创造效果、经济生产效率和社会带动效益提升,并通过三重效益的提升反映园区的核心竞争力,形成"竞争"效应。

2.关系网络类因素

农业科技园区作为创新能力的有形载体,其创新能力的生发路径存在共性特征:即从以自主研发为主的起步阶段,过渡到与当地政府、外部企业、科研院所及农户等多元主体协同共生,逐步产生有机联系、结成创新网络和产业集群。网络和集群的出现,促进了农业科技园区及企业与外部环境(包括国内外园区及企业、科研机构、高校院所等)之间的交互作用,催生出农业科技园区强劲的创新能力。保证这种交互作用的有效性,即园区创新能力形成的主要机制,是基于"顺畅的知识流动""高效的吸收模仿""良好的货币资本运行"与"密切的社会资本运行"四种元素的有机融合,为园区创新能力提供基本的动力来源。园区基于社会目标和经济目标锤炼并形成创新能力,直接动力是对现代农业技术、先进管理理念等知识的需求,也是园区开展全部创新活动的起点;满足知识需求的方式与手段,是通过交流、合作结成关系网络,通过技术引进、吸收模仿及创新创造,完成园区自身的知识积累与发现;知识引进、吸收模仿及再创造过程能否顺利实现,取决于园区外部是否存在资金流充足、信任程度高、知识水平高、联系程度紧密的产业或行业伙伴,货币资本或社会关系网络为园区知识供需平衡和创新能力形成提供外部环境。

匹配程度较高的技术合作关系是农业科技园区发展历程中形成创新能力的重要决定因素。我国农业科技园区在建设伊始均是依托国家及地方提供的政策优势,引进创新主体(研发企业、高校科研院所)和创新技术(新品种、新工艺、新技术),通过自主培育、创新孵化,独立获得创新性产出,实现技术推广与扩散,并在此过程中形成自身的创新能力。由于经济联系的日益紧密及未来农业发展对知识技术的密集要求,园区之间基于优势互补的动机自发地产生合作意愿的可能性逐渐加大,已经有部分园区依据自身建设状况开始走上寻求合作之路。随着信息技术和互联网手段的普及与完善,园区间相互联系并发生合作的成本不断降低,收益不断增加,从而存在较强合作关系的园区更有可能在合作中,较快地明确符合自身创新发展的模式与路径。以农业科技为特定背景的不同主体,在知识流动成为创新主流的环境下,若要形成创新能力、发挥创新功能,未来发展趋势也必然是通过各种途径结成创新网络,并通过这种创新网络的格局演化与关联合作来寻求内生性的创新动力。因此,合作关系及其演化机制将对农业科技园区内生地形成创新能力、发挥创新功能起到关键作用。

社会资本的内涵是某个组织或个体与外部环境间结成的社会关系网络,以及该网络中包含的能够促进组织和个体行为效率提升的经济资源和社会资源。农业科技园区作为有地理空间范围和内外部环境交互影响的独立经济系统,创新能力的来源因素与最终形成,一方面依托的是有形的多元化参与主体等要素,在货币资本支持下的知识学习与技术合作中形成创新网络和产业集群,通过网络和集群进行产业化,实现示范带动效果;另一方面则是依托具有根植性、属地文化特征性和生产增值性等特点的无形社会资本要素,为有形要素在创新系统功能发挥过程中提供介质与环境。社会资本的属性可以采用结构资本、认知资本和关系资本等多个维度进行刻画,不同维度的社会资本含义和指向不同:结构资本强调合作关系的网络强度和密切程度;认知资本强调网络成员之间的多维邻近性质;关系资本强调网络成员相互间的信任与互惠。社会资本对农业科技园区创新能力的形成起关键作用,主要通过两条途径实现:一是社会资本能够显著促进园区内部农业企业的技术创新,为系统自身带来更高层次的创新性产出;二是社会资本能够显著促进园区外部环境与内部环境的对接,形成产业集聚,并通过专业分工和集成创新,促进创新能力形成。

二、农业科技园区创新能力形成过程的作用机制

厘清创新能力的内涵边界,目的是对园区在"三重目标"框架下应塑造何种能力进行靶向定位;厘清农业科技园区创新能力形成的内外部决定因素,目的是在理论上明确研究对象受何种力量影响,剖析这些影响因素与能力形成的关系。"创新能力的内外部决定因素"是能够对创新能力形成产生重要影响的作用因子,连接两者并使两者发生关系的途径是创新能力形成的"生发机制"。

(一)双重作用机制的界定及逻辑关系

农业科技园区具备的"多元主体协同共生"特征和"多样要素交织作

用"特征,内在地决定了园区在创新能力形成过程中将受到两类机制的影响:一是园区作为独立的创新系统,在其封闭的系统内部,不同类型的决定因素如何促进个体园区创新能力形成的微观机制,包括异质性的各类型因素与知识生产、经济增长、示范带动等体现创新能力效果指标之间的作用关系,以及多元化参与主体之间的协同创新关系;二是园区作为开放的区域性创新系统,在知识技术、物质要素、学习模仿和社会资本等交织作用的外部环境下,不同类型的决定因素如何促进个体园区创新能力形成的宏观机制,包括合作、集聚及地域差异的优势互补等作用方式。

综上所述,促进农业科技园区创新能力形成的两类作用机制,不是相互独立、各自作用的,而是两者之间的逻辑关系相互依存、互为必要。缺少知识流动、合作网络、产业集聚等宏观环境及其相应作用机制,仅依靠园区独立培育和形成创新能力是很难完成且效果不佳的;同理,宏观环境中具备了顺畅的知识流动、社会关系网络和良好的产业集群,但园区微观系统内部没有紧密的主体协同、强劲的科技研发、顺畅的成果转化等条件,也很难与宏观环境相对接,更无法实现经济目标和社会目标。农业科技园区必须在宏观和微观双重作用机制共同影响内外部因素的条件下,内生地形成能够适应不同发展要求和功能目标的创新能力。

(二)基于开放系统的宏观作用机制

将农业科技园区视为独立、开放的创新系统,在知识技术、物质要素、学习模仿和社会资本等交织作用的外部环境下,两类影响因素通过"合作促进创新""集聚促进创新"和"竞争促进创新"等作用路径,凝结创新能力。

1."合作"促进创新能力形成的作用机制

经济行为主体之间结成稳定的合作关系,将促进具有异质性特征的知识、技术、资源的流动及整合,在降低交易成本的基础上促进新知识、新技术的发明与创造,从而凝结为强劲的创新能力。农业科技园区作为独立、开放的区域创新主体,合作关系结成并促进园区创新能力的形成,是园区在发展历程中自发衍生并必然发生的结果。

在农业科技园区建设伊始,依托国家及地方提供的扶持政策,园区独立引进参与主体(研发企业、高校科研院所)和创新技术,通过自主培育和创新孵化,获得创新性产出,实现技术推广与扩散;伴随农业发展目标和功能的不断调整、经济主体之间的联系日益紧密,以及未来产业发展对知识技术的强烈需求,农业科技园区之间基于优势互补的动机自发产生合作意愿的可能性逐渐加大,部分园区依据自身建设状况开始走上寻求合作之路,并且那些存在较强合作关系的园区更有可能在合作的过程中形成地理集聚或技术集聚,先行形成具有自身优势特色的创新能力。

进一步考察农业科技园区合作关系结成的原因,应是由多维邻近性引起的各类空间和技术的相近关系。这种相近关系包括了传统的地理邻近及现代创新网络研究关注的技术邻近、组织邻近和制度邻近。与地理邻近相比,技术邻近是合作行为出现的根因,以知识集聚为特征的高技术企业在选择合作伙伴时也更多地倾向于那些与自身技术重叠度高的企业。

因此,合作关系促进园区创新能力形成的机制是通过知识、技术等无形要素的集聚、吸收,结成技术邻近的集群和网络,在集群和网络环境下进一步整合有形生产要素进行研发成果的转化应用,从而推动科技创新和示范推广两大基础功能的有效发挥。

此外,地理分布不同的农业科技园区在合作关系形成过程中存在时间与地域上的双重维度异质性。时间角度的异质性体现为建设周期的差异,由于不同园区分批次立项建设,建设周期长的园区可能比建设周期短的园区更具创新能力;地域上的异质性体现为农业传统优势的差异,由于不同园区所处的省份不尽相同,处于农业传统生产优势或农产品特色优势的园区可能更具创新能力。因此,由于时空异质性的影响,园区之间合作关系会形成局部联系和区域联系两种行为模式,从而产生两种地域集群形态。

借鉴演化经济地理学中集群模式的"区域蜂鸣"与"全球通道"概念,将农业科技园区间形成的局部和区域合作集群形态定义为"地方蜂鸣"和"区域通道"两种模式。如果从园区创新能力高低或创新性产出多寡的角度考察,"通道园区"由于经历了"地方蜂鸣"的发展阶段,在创新能力形成过程中有可能发挥更加明显的作用。

根据上述分析,对"合作"促进园区创新能力形成的分析提出如下研究假说以待验证。

H1a:"合作行为"对农业科技园区形成创新能力具有显著作用,"技术邻近"是更能促使园区内在自发产生合作需求的关键原因。

H1b:与"地方蜂鸣"模式相比,"区域通道"模式提升园区创新能力的效果更显著。

2."集聚"促进创新能力形成的作用机制

产业集聚和要素集聚通过分工和协作两种方式,将中间品生产与投入成本、生产要素流动与匹配成本,以及知识技术溢出与模仿成本均大幅降低,强化了"干中学"效应和"模仿—吸收"效应的程度,提升了全要素生产率,有利于创新能力的产生。农业科技园区享受国家和地方政府的扶持政策,不断打造产业示范和创新引领高地,自身具有较强的经济"引力",以园区为核心的产业集聚和要素集聚形态逐步形成。

"集聚"促进农业科技园区创新能力形成是两个机制共同作用的结果:一是产业集聚,将相同产业内的合理分工与不同产业间的深度融合相结合,激发产业内外有形要素和无形要素的流动、溢出与吸收,促进园区经济意义上的产出效果和社会意义上的带动效果;二是创新性质要素集聚,将农业科技人才、先进技术等具有创新性质的生产要素向园区汇聚,通过"投入—产出"机制实现经济产出和社会带动的双重目标。

产业集聚与要素集聚之间存在着相互影响及交互效应。农业科技园区的技术升级、品种改良及设施更新,是产业集聚和要素集聚共同作用的结果,将推动园区及其所在地域、周边的传统农业改造和新兴业态浮现,加速新动能和旧动能的转换,促进形成更具创新活力的产业创新集群,并通过这种创新集群的运行进一步凝聚和提升园区创新能力。园区创新能力形成后,将通过技术扩散、产业示范和带动引领等途径强化园区科技创新和示范推广的功能与效果,实现园区应承载的经济效益目标和社会效益目标,发挥传统农业与现代农业、小农户与现代农业之间的衔接作用。当已有技术已成熟、产品模仿者大量出现从而引致市场需求饱和、利润下降时,市场机制将发挥反馈作用,倒逼园区的创新性质要素进行再配置、再研发、再生产。上述过程的顺畅运行,可以促进园区创新能力实现从形成到提升的良性发展态势。

综上所述,对"集聚"促进园区创新能力形成的分析提出如下研究假说以待验证。

H2:产业融合程度和创新要素集聚程度正向显著影响农业科技园区创新能力的形成,二者之间存在交互效应。

3."竞争"促进创新能力形成的作用机制

处于同一历史时段的农业科技园区之间,存在着两类不同性质的发展差异:一方面是自身发展程度的差异,体现为建设周期对园区创新发展水平的影响;另一方面是比较优势的差异,体现为非营利性目标的竞争与赶超机制对园区创新发展水平的影响。建设周期的长短是外生因素,但以比较优势为基础的竞争与赶超机制,将对园区创新能力的形成产生内生性的作用。

剥离人才、资金与技术等共性要素,分布于不同区域的农业科技园区,其自身比较优势的形成是与其所处区域的地理因素直接关联的。与工业高新技术园区的发展模式不同,每个农业科技园区都具有与其地方环境相适应的特色农业作物、农副产品及传统的生产技术。这些具有明显根植性和浓郁地方特色的农产品,可以形成具有独特优势的产业链条,成为农业科技园区赶超先进、提升竞争力的重要基础。因此,农业科技园区能够依托地理差异与地域特色,通过新品种、新技术和新业态的研发与竞争,在模仿和赶超国内外先进园区的过程中,形成知识创造、经济生产和社会带动能力,基于地域优势差异的竞争机制,从而成为促进园区创新能力形成的宏观机制之一。

结合当前研究文献,创新活动受到地理因素影响已成为共识,两者存在密不可分的关系。农业科技园区作为存在明确空间范围的开放创新系统,最基本的产业集群形式就是以地理集聚为特征,通过产业集聚和要素集聚,将地域特色产品、技术研发与推广相结合,形成本土化特征明显的创新集群。在产业集聚和要素集聚不断形成创新集群的过程中,企业生产活动也将在利润最大化前提下向着要素使用成本、运输成本和市场交易成本更低的方式进行演化。农业龙头企业、高新技术企业等是园区创新活动的主要承担者、技术成果转化的重要实现者,经济利益最大化目标将促动园区企业基于自身优势展开竞争,竞争的形式是"互补"和"赶超",竞争的结果是刺激园区产出的高质量增长。

因此,基于"地域差异"的竞争机制所产生的总效应,将分解为"互补效应"和"赶超效应"。一方面,地域特征的差异越大,不同地域农业科技园区间的互补性就越强,这种强烈的互补性体现在从园区以外引进的技术、产品、工艺可能是本地区、本园区的空白,对这些引进产品或技术进行改良、加工及再创造,将大幅增加本园区发明新技术、新产品的可能性;另一方面,地域特征的差异越大,不同地域农业科技园区因本地区传统生产模式累积的劳作差异越大,形成的农业生产优势或劣势差异也随之增大,后进园区通过"干中学"的路径赶超先进园区的可能性相应增加。

基于"地域差异"的竞争机制在促进园区创新能力形成过程中,可能存在"中介效应"。这是因为,园区间的竞争首先通过知识、技术的交流和模仿,带动具有不同优势特色的园区提升知识创造能力,进而由这种创造能力来刺激经济产出、由经济产出带动周边产业,最终促进园区创新能力形成,所以知识生产能力在园区间竞争的过程中充当了"中介变量"。

综上所述,对基于"地域差异"的竞争机制促进园区创新能力形成的分析提出两个研究假说以待验证。

H3a:以竞争优势为内涵的地域差异,对农业科技园区创新能力形成产生显著影响;竞争机制的总效应可以分解为显著的"互补效应"和"赶超效应"。

H3b:"知识创造"在园区创新能力形成过程中发挥中介作用,中介效应显著。

(三)基于封闭系统的微观作用机制

如果将农业科技园区外部影响因素及其作用机制视为外生,从而将园区视为一个独立、封闭的单元,那么该单元内部各类主体、要素的相互作用,则构成了园区创新能力形成的微观作用机制,主要包括"多元主体协同"机制和"异质性要素联动"机制。

1.“多元主体协同”促进创新能力形成的作用机制

农业科技园区的创新发展过程是典型的多元化参与主体协同创新过程，以政府、企业、高校和科研单位、科技中介、农户等构成主体集合，不同的主体根据自身需求和目标定位同时发生个体行为和集体行为，从而形成相互协调和干预的动态创新系统。多元化主体在利益交集的框架内，将本属于个体的异质功能叠加为以园区为载体的同质功能，促进农业科技园区的多元主体协同创新过程，成为参与主体通过诱致性变迁行为来实现创新系统内部交流和外部耦合的过程。

“三螺旋”创新理论对企业、高校或研究机构，以及政府在系统协同过程中的职能进行了界定。高校或研究机构是知识、技术的主要提供者；企业及其相关产业为新知识、新技术的应用转化和新产品的生产提供平台，实现经济福利；政府则为主体间的契约关系提供保障，实现社会福利。三大创新主体原本基于各自的目标作出职能行为，但职能行为的交集增强和放大了各自获得的收益，其放大效果则取决于主体交互过程中的信息交流程度和协同创新效率。

在“三螺旋”创新理论基础上，有研究者进一步将科技中介和普通农户作为创新主体构建了“四螺旋”模型和“五螺旋”模型，但从促进知识生产能力的形成角度出发，能够进行或促进知识技术研发的参与主体，主要是农业产业化龙头（高新）企业、高校院所和政府三个部门。因此，“三螺旋”理论阐释的主体协同创新演化进程，为农业科技园区创新系统运行机制及创新能力形成机制提供了理论依据。

农业科技园区的多元参与主体，主要通过具有创新性质的要素之间的动态作用交互和园区作为独立系统与地方经济发展系统的耦合协调等两种机制来促进创新能力的形成。从能力形成过程来看，园区参与主体各自代表着异质要素，而多种异质要素的动态叠加，则为园区创新能力的形成提供基础。其中，政策要素是驱动其他要素的关键动力，也是多要素动态叠加效果优劣的核心影响因素。从能力形成后的表现来看，“政府－企业－高校院所”代表着地方经济发展系统与园区创新系统之间进行联合研发和耦合协调，以农业科技成果的数量不断增加为特征，成为园区创新能力形成的重要体现。因此，园区“多元主体协同”效应呈现宏观和微观两个层次的分效应。

不同主体间的联系互动及其与地方经济发展之间的耦合协调构成"主体协同"的宏观机制效应;同一主体内部的要素集成与创新,为不同主体之间的宏观互动耦合提供微观基础,形成微观机制效应。

综上所述,对"多元主体协同"促进园区创新能力形成的分析提出两个研究假说以待验证。

H4a:多元主体协同创新的效率正向显著影响农业科技园区创新能力的形成;同时,政策因素正向促进多元主体协同效率的提升,发挥调节效应。

H4b:园区创新系统与地方经济发展系统之间存在高度关联的耦合协调效应,耦合程度越高,对园区创新能力形成的影响越大。

2."异质要素联动"促进园区创新能力形成的作用机制

农业科技园区示范引领功能的发挥,离不开最终的农业生产。农业科技园区内流动的生产要素,具有明显的异质性:既包含传统的劳动、资本要素,也包含具有创新性质的高层次人才、R&D 投入等创新性质明显的要素。从科技研发到农业生产,不仅要投入具有创新性质的生产要素,也要投入传统生产要素。根据马克思主义劳动价值论关于"简单劳动"和"复杂劳动"的关系论述,创新要素与传统要素在农业科技园区生产过程中将发挥不同作用。具有创新性质的生产要素在以科技创新为主要驱动的农业科技园区中将发挥更为"主动"或"主导"的作用,传统生产要素在创新驱动发展的宏观进程中逐渐成为"从动"和"辅助"的因素,从而在农业科技园区创新能力形成过程中,创新要素与传统要素将形成以前者为引领的"联动"机制,产生联动效应。

对创新要素与传统要素结合形成的"联动机制"进行考察,其发挥作用的前提是以创新人才为核心的生产要素能够集聚,进而盘活资金及其他生产要素。农业科技园区创新能力的核心内容,是在承载预期的经济社会目标要求下,形成优势资源顺畅汇聚、研发成果快速转化、辐射带动程度提升,而以具有创新潜力的高层次人才为核心的创新性质生产要素,则是要素集合中最为重要的组成部分。农业科技人才通过运用创新资本、盘活传统要素,一方面将人力资本转化为知识创造成果,推动新兴业态发展;另一方面将禀赋资源转化为高效生产力,改造传统农业,两方面合力促进农业新旧动能转换、加快产业升级,并在此过程中形成创新能力。当农业科技园区创新能力形成之后,进一步通过知识生产、经济生产和周边带动的过程,在市场机制作用下进行产品生命周期的更替,反馈并促进新一轮农业高新技术研发。

异质要素促进园区创新能力形成也是"投入－产出"过程,投入具有创新性质的各类生产要素,产出能够实现三重目标的创新能力。该过程的顺利实现,还需要以创新要素集聚为特征的科技研发平台、以提供科技信息服务为内容的科技资源共享平台和以现代信息技术为依托的电子商务平台等新兴平台发挥匹配作用,成为衔接园区主体之间或园区主体与外部市场之间的桥梁。园区各类型创新平台充当着以知识需求、产品需求、信息需求和服务需求为构成部分的市场需求侧集合,以知识生产、产品研发、信息交换和服务提供为构成部分的主体供给侧集合之间的有效纽带,促进异质要素通过"投入－产出"实现技术供给与技术需求、产品供给和产品需求、服务供给和服务需求之间的高效对接,缓解信息不对称引起的供求失衡,促进园区知识创造层面的能力提升。一方面,多样化平台通过将技术、产品、信息和服务等要素进行集成、扩散,为园区内多元主体产生的知识需求匹配到园区外部的知识与技术供给,促进供需均衡;另一方面,通过对园区企业知识创造成果进行信息传播和技术扩散,匹配到园区外部的市场需求,从而促进园区形成优质高效的平台服务能力和价值回报能力,推动园区实现市场经济效益和社会福利目标。

从要素投入到创新能力形成并发挥功效,存在着从"量变"到"质变"的过程。园区创新能力的最终凝塑,并能够实现国家对园区未来发展的目标定位,必然需要前期的要素积累:创新性质要素与传统性质要素高效率集结汇聚,经过以园区(及其内部各类科技中介与平台)为载体的阶段。因此,能力凝塑过程中将存在一个或几个时点;在此时点之前的各类要素投入,主要是内部积累和相互作用,为能力形成提供前期准备;在此时点之后,各类要素的积累与作用将生发出以知识创造水平、经济生产水平和社会带动水平共同提升的效果,最终凝塑成园区创新发展的能力和动力。如果存在类似性质的多个时点,将反映出园区创新能力的形成、发展与提高的阶段性过程。

综上所述,对于"生产要素异质性"促进园区创新能力形成的分析提出两个研究假说以待验证。

H5a:异质要素联动促进园区创新能力形成的作用存在显著差异;创新要素带来的贡献率成倍高于传统要素。

H5b:平台功能多样化正向促进园区创新能力的形成,存在显著的匹配效应。

H5c:异质要素联动促进园区创新能力形成的过程存在显著的门限效应。

本节着重对农业科技园区创新能力形成机理进行考察,确定研究边界,为后文进行的实证分析奠定基础。重点针对影响创新能力形成的决定因素问题,以及各种因素相互作用促进园区创新能力最终形成的机制问题等两个方面进行分析讨论。

针对影响创新能力形成的决定因素问题,基于农业科技园区的特殊性,确定了内部和外部双重影响因素。其中,内部因素包含"环境类""生产类"和"平台类"因素,外部因素包含"地域特征类"和"关系网络类"因素。

针对促进创新能力最终形成的机制问题,基于"开放创新系统"和"封闭创新系统"的划分,提出宏观和微观双重作用机制。其中,宏观作用机制主要包括合作、集聚和竞争三种类型,微观作用机制主要包括多元主体协同、异质要素联动两种类型。在机制分析的基础上,提出了研究假说,留待后文的统计与计量检验。

第三节　农业科技园区创新能力形成的实现路径

形成强劲的创新发展能力,实现园区在先进技术创造、经济生产效率提高以及社会带动范围与质量双提升的目标,将为进一步完成国家对农业科技园区未来发展任务的部署和要求打下坚实的基础。如果将农业科技园区创新能力形成过程视为一个具备系统性、完整性和科学性的链条,那么这个链条的基本逻辑应该是:"创新能力的基本内涵－影响创新能力形成的决定因素－调动决定因素形成创新能力的动力机制－创新能力的最终凝结"。

探寻促进农业科技园区形成创新能力的路径,就是找到一条逻辑合理、内容清晰、可行性强的主线,厘清这条主线上的各个环节的作用方式和内在联系,提炼出能够激发各个环节发挥自身功效的措施集合,最终达到破解园区当前面对的发展瓶颈、实现园区应承担的目标任务。

一、充分激励"因素集"

充分激励"因素集",是实现农业园区创新能力的路径起点,也是园区提升创新能力的首要发力点。激励"因素集",就是运用多种有效的政策组合,对影响和决定农业科技园区创新能力形成的各类因素进行有效激励,充分发挥影响因素的主观能动性,积极正向地配合各类型影响机制的运行。

影响农业科技园区创新能力形成的因素,包括环境类、生产类和平台类三类内部因素,以及地域特征类和合作网络类两类外部因素,内部因素和外部因素构成了一个影响因素的"集合"。各类型影响因素在能力形成过程中发挥的作用存在两面性,如果没有合理运用和协调,就存在产生负面影响的可能性。只有运用科学恰当的政策措施,对各类型影响因素进行正向激励,充分发挥因素集合的主观能动性,才能促使各类型因素充分发挥正面作用,并在"机制集"的协调、调动下,成为园区创新能力凝结的源泉。

"因素集"中包含着政策性要素、物质性要素,但最为核心的要素是具有创新性质的人才要素。以科技研发人员为代表的技术创新人才是人力资本集聚的重要体现,是推动产业升级、传播前沿技术、提高产品竞争力的核心要素,也是盘活和带动其他各类物质要素、禀赋资源、关系网络等要素的关键。充分激励"因素集",需要出台和运用能够充分激励创新人才主观能动性的政策、措施,灵活、高效地推动农业高新技术人才向农业科技园区汇聚,将园区打造为人才高地、知识高地和技术高地。通过人才汇聚并与其他生产要素紧密结合形成劳动生产力,"因素集"的正向影响作用得到充分发挥,从而为凝结和形成农业科技园区特有的创新能力提供基础保障。

二、促动激活"机制集"

促动激活"机制集",是农业园区创新能力形成路径的核心环节,也是决定园区能否在多重发展目标约束下形成高质量创新能力的关键。激活"机制集",就是依据能够促进园区创新能力形成的各类型作用机制的运行规律,运用科学的政策手段,保障各类型作用机制的顺畅运转,促动各类型影响因素能够积极配合各类型作用机制的调用,保证各类型作用机制成为有效衔接"因素集"与"能力集"之间的桥梁和纽带。

激活"机制集",本质上就是要抓住能够保障机制顺畅运行的"核心要素",通过有效的政策措施,有针对性地加强对核心要素的调配控制,使其按照完成园区建设目标和发展任务的路径进行规范演进,确保桥梁和纽带效果的发挥。因此,找到上述"核心要素",是激活"机制集"的关键。

促进农业科技园区创新能力形成的作用机制,主要包括"合作""集聚""竞争"等宏观形成机制,以及"多元主体协同"和"异质要素联动"等微观形成机制。两个类型的形成机制,是相互依存、互为必要条件的,而贯穿于两类机制中、保障两类机制发挥效力的重要前提,则是以知识创新、技术创新和信息交换为主旨内容的创新成果顺畅流动。因此,知识、技术和信息的流动,是保障各类型作用机制顺畅运行的"核心要素"。

知识、技术和信息的顺畅流动,在宏观层面需要营造良好的制度设计环境、市场竞争环境和社会网络环境,在微观层面则需要搭建促进主体合作、科技研发、成果转移转化等领域的中介和平台。这就要求"政策措施集"必须有能力提供合理、科学的手段和方式,以保障知识流动、技术流动和信息共享,促进两类形成机制发挥功效。

三、响应凝塑"能力集"

响应凝塑"能力集",是构建农业园区创新能力形成路径所要实现的结果,同时也是通过激励各类型决定因素和激发各类型机制活力后,得到的一系列具有明确指向、清晰内涵、科学可行的创新能力集合。农业科技园区凝塑自身创新发展能力,应能够形成带动地域内后进企业、农业周边产业、当地农户实现农业全要素生产率提升、农业产业结构优化升级、农产品竞争力增强，以及农民就业增收、创新创业等经济与社会化目标的各项子能力。

农业科技园区在农业现代化建设中要承担培育农业乡村发展新动能的作用，其更高层次的目标，是瞄准国家农业高新技术产业示范区的要求和导向，积极探索体制机制改革，服务于乡村振兴战略。以国家对农业科技园区未来发展的任务为目标，园区必须在科技创业、成果示范与转化、职能农民培育等领域发挥重要的先行者功能，加深人才链、产业链、价值链、创新链和利益链的互动融合和合作提升，推动先进知识创造、农业生产力提升和示范带动发展的"三重目标"同步实现。正是由于农业科技园区的多元化发展目标的特征，内在地要求园区必须形成具备系统化、体系化、聚焦化和保障化的创新能力体系及辅助支撑体系，综合形成完整的园区创新能力系统。

凝塑"能力集"，其本质是基于充分激励"因素集"和促进激活"机制集"的基础上，通过"政策措施集"的积极配合，进一步保障形成园区能力的机制可以高效运作，合理调动各类型决定因素进行交互作用，最终形成符合园区建设定位与发展目标的创新能力体系，即包含先进知识创造能力、高质量经济生产能力以及强带动引领能力为核心内容的子能力体系，以及包含政策持续保障、成果快速转化、平台优质服务、激励回报稳定等七项具有明确内涵与目标指向的辅助支撑体系。

四、高质量实现"目标集"

高质量实现"目标集"，是构建农业科技园区创新能力形成路径的最终目标，同时也是能力实现路径形成后的延伸结果。"目标集"的实现，需要建立在园区创新能力体系搭建完成、各项具有明确内涵和目的指向的子能力良好塑造的基础上，只有能力相互支撑并形成综合能力，才能高质量地实现国家对农业科技园区赋予的要求和任务，达到"强化农业科技支撑""提升农业科技创新水平"的作用效果，成为衔接传统农业与现代农业的重要桥梁。

农业科技园区的发展目标，从功能视角可以概括为"先进知识创造、劳动生产力提升、示范带动显著"三个方面，其具体目标，则包括实现科技创业、成果示范与转化效率提升,创新要素、高新技术与核心服务高度集聚,提升农业乡村全要素生产率,培育职能农民与新型农业经营主体,增强乡村创新创业效果,培育农业乡村发展新动能,促进城乡融合与产业融合等内容。上述目标能否顺利实现,取决于园区创新能力及其子能力体系能否切实形成并发挥应用的功效,而能力体系的形成,则取决于各类型决定因素与各类型作用机制之间的配合与运转。

因此,高质量实现"目标集"的本质,就是切实保障激励"因素集"和激活"机制集"的政策、措施,能够真正发挥效力。依托于高效凝聚的园区"创新能力"及其子能力体系,从而依赖于影响园区创新能力形成的各类决定因素及调配各类因素发挥功效的微观、宏观作用机制,同时需要合理、可行、科学的政策措施加以保障。

通过构建"激励因素集—激活机制集—凝塑能力集—实现目标集"的路径体系,为中国农业科技园区塑造自身创新能力形成提供了可行性模式。

综上所述,促进农业科技园区创新能力及其子能力体系的构建与实现,应在理论上依据系统论的基本逻辑、在实践上遵循从激励因素集、激活机制集、凝塑能力集并最终实现目标集的基本路径,通过运用科学合理的"政策组合"或"措施组合",保障创新能力的最终形成,达到国家对农业科技园区未来发展的目标定位和任务要求。

第四节　搭建农业科技服务平台,
助力乡村振兴战略实施

实现农业现代化和振兴乡村,关键在农民,难点在科技,突破在于科技体制创新。目前,我国现行的农业科技体制存在条块分割和产学研脱节现象,因此,科技成果转化率和科技贡献率偏低。

高等学校是知识、信息的创新源和辐射源,也是人才的储备源,高等院校有科技优势和人才优势,这些优势对科技发展和社会进步具有较大的推动作用。在全面建成小康社会的进程中,高等学校逐步从社会的边缘走向中心,越来越多地承担起服务国家经济社会的重任。我国高等农业院校以国立为主,多数高校有较完善的基础设施、雄厚的科研力量、先进的研究手段,是我国农业科技体系的一支重要力量,因此,我国开展农业科技研发和推广具有得天独厚的优势,高等农业院校服务乡村振兴具有义不容辞的责任和义务。但我国现行的农业科技体制下,高等农业院校的农业科技推广工作长期游离于国家的农业推广体系之外,其推广优势和作用没有充分发挥出来。高等院校自身也存在对科技推广的重视程度不够、产学研结合不紧密等问题,还没有形成具有广泛推广价值的农业科技推广模式。

以高等农业院校为依托的农业科技服务平台的搭建,可以发挥高等农业院校的人才和科技优势,加强农业科技研发和农业科技推广工作,通过科技人员在乡村建立试验、示范基地,指导专业户、示范户,扶持乡村经济合作组织和龙头企业,建立专家大院,开展农民培训等形式,创新农业科技体制和运行机制,把农业科技新成果、新技术直接应用在农业生产和乡村建设中,促进农业科技成果快速转化。

《农业科技发展纲要》提出:建立新型农业科技创新体系的指导思想是以改革为动力,充分考虑农业科技自身的特点和我国乡村的实际,科学规划、分类指导、试点先行、稳步推进,加强政府的政策引导,引入市场竞争机制,加速新型农业科技创新体系的建立,坚持科技兴农、质量强农,深化农业供给侧结构性改革,构建现代农业产业体系、生产体系、经营体系,推动农业发展质量变革、效率变革、动力变革,持续提高农业创新力、竞争力和全要素生产率。其目的就是要进一步强化科技人员在农业科技推广中的作用,完善农业科技体系。

一、搭建科技服务平台的目的及意义

（一）搭建科技服务平台是市场经济体制下现代农业发展的需要

党的十八大以来,我国农业乡村各项改革都取得历史性成就,为推进全面建成小康社会进程提供了有力支撑。但与发达国家相比,我国农业乡村还存在基础差、底子薄、人才匮乏、发展滞后、乡村一二三产业融合发展不够等问题,导致农产品阶段性供过于求和供给不足并存,农产品供给质量和效益亟待提高,农民适应生产力发展和市场竞争的能力不足。因此,需要改革现行农业科技推广体制,推进农业由增产导向转向提质导向,建立以农业技术为主要服务内容的农技推广体制机制,开展产前、产中、产后全程服务。搭建以高等农业院校为依托的农业科技服务平台,就是为适应现代农业发展新阶段的要求而进行的改革和创新。

(二)搭建科技服务平台是完善和创新我国现行的农业科技推广体系的需要

我国以政府为主导的现行的农业科技推广体制,这种推广体质实行垂直管理。因此,很难满足市场经济发展、现代农业建设及乡村振兴的客观需要。据统计,全国目前共有 19 万个基层农业推广机构,135 万推广人员,平均每万亩耕地不足 2 名农技人员,平均每 7000 头牲畜只有 1 名科技人员,平均每万名农业人口中仅有 6 名农业技术人员,而发达国家平均不足 400 名农业人口就有 1 名农业技术人员。另外,超过一半的农技推广人员只有初中文化程度,大学及以上学历的比例偏低,农技推广人员的知识老化问题也十分严重。不论农业技术人员的数量,还是农业技术人员的质量都满足不了现阶段农业乡村发展的需要。因此,搭建以高等农业院校为依托的农业科技服务平台,依靠高等农业院校的科技和人才优势,开展科技研发和推广工作,对我国现行农业科技推广体制都是一种必要补充和完善。这种体制的建立,有利于大学的新技术、新成果迅速推广和示范,从而促进农业现代化建设和地方经济的发展;有利于大学的学科专业建设和人才培养,从而推动产学研结合,有利于我国传统农业向现代农业转变,促进乡村一、二、三产业融合发展,推动乡村振兴战略实施。

(三)搭建科技服务平台是提高农业科技成果转化率的需要

目前,我国农业科技成果转化率远低于发达国家农业科技成果转化率的水平,发达国家的通常做法是通过农业科技推广来提高农民的科学文化素质、经营管理能力和科技成果转化率,发达国家科技对农业生产的贡献率一般达到 70% 左右。因此,搭建以高等农业院校为依托的农业科技研服务平台,能使教学、科研、推广与生产紧密结合,加快科技信息的集成和传播速度,提高科技成果转化率,将会成为促进我国农业科技成果转化的重要途径。

(四)搭建科技服务平台是促进农业可持续发展的需要

经过 20 世纪后半叶经济的快速发展,人口增加、消费增加和资源匮乏的矛盾日益突出,生态环境恶化成为困扰人类生存和影响社会经济发展的障碍因素。保护生态环境,实现农业可持续发展已经成为 21 世纪人类共同关注的课题。因此,搭建高等农业院校科技服务平台,可协助政府有效处理好环境保护和经济发展的关系,促进农业可持续发展。

(五)搭建科技服务平台是高等农业院校融入乡村振兴主战场的需要

现代经济社会的发展赋予了高等院校教育教学、科学研究、社会服务和文化传承等多种功能,高等院校也逐渐由经济社会的边缘走向中心,在一定程度上引领国家或地区经济社会发展。《中华人民共和国农业技术推广法》(1993 年颁布)就提出农业科技推广要实行科研单位、有关学校、农业科技推广与群众性科技组织、科技人员、农业劳动者相结合。《国务院关于深化改革加强基层农业科技推广体系建设的意见》(国发〔2006〕30 号)又进一步强调要逐步构建起以国家农业科技推广机构为主导,乡村合作经济组织为基础,农业科研、教育单位和涉农企业广泛参与、分工协作、服务到位、充满活力的多元化基层农业科技推广体系。这些文件为农业院校参与农业科技推广提供了法律和政策依据。搭建高等农业院校科技服务平台,可以将农业院校的知识资源和科技资源迅速传播、扩散到广大乡村,为社会经济发展作出贡献。因此,搭建科技服务平台是高等农业院校融入乡村振兴主战场的需要。

(六)搭建科技服务平台是创新产学研结合办学模式的客观需要

农业教育、科研与推广是现代农业发展的"三大支柱"。农业推广与科技、教育同步发展是现代农业推广的必然趋势,也是乡村振兴的必然要求。建立以高等农业院校为依托的农业科技服务平台,可以整合教育、科研与推广部门的优势,有效地促进农业教育、科技与生产的有机结合,促进现代农业的发展和乡村振兴。

(七)搭建科技服务平台是科研反哺教学的需要

研究表明,科研可通过以下几种方式反哺教学。一是在科研过程中,教师通过查阅大量的资料、文献,拜访相关专家,知识得到更新,从而充实了教学内容。二是学生参与教师科学研究的过程中,实践动手能力和分析问题、解决问题的能力得到培养和锻炼。三是科研能促进教学实验设备的更新、完善,促进教学方法手段改革。四是科研能培养教生的创新意识、创新精神和创新能力,促进教学的可持续发展。因此,搭建以高等农业院校为依托的农业科技服务平台,可有效促进教师深入农业生产一线,针对生产中存在的实际问题开展应用研究并指导实践,从而实现科研反哺教学。

二、高等农业院校开展农业科技服务的优势

高等农业院校作为农业科技创新和人才培养的主体,科技资源和人力资源极其丰富,能够向农业行业和生产、加工、经营企业输送先进科学知识、技术,培养急需的人才。因此,高等农业院校助力乡村振兴,具有得天独厚的科技、人才和学科优势。

（一）科技优势

随着我国高等农业教育的发展,各级各类学校拥有相当数量的学科专业平台,在科学研究、人才培养和服务"三农"方面聚集了独特的科技优势和人才优势,是我国目前除农业科研院所和大中型企业之外农业科技创新的主要阵地。农业高校承担的农业领域国家科技攻关和国家自然科学基金项目约占70％以上,每年有80％以上的农林科研成果产自高等农林院校,每年有300多项科技成果获得省部级以上奖励,在包括高等农业院校在内的科技人员的共同努力下,科技对我国乡村经济增长的贡献率已由20世纪70年代末的27％提高到60％以上,高校的科技人员已经成为推动农业科技发展的主力军。

（二）人才优势

我国高等农业院校拥有庞大的人才队伍和人才储备。据统计,2021年,全国普通高校招收农、林类本、专科学生379286人,在校生1322967人,毕业生297550人;硕士、博士研究生招生59679人,在校生160093人,毕业生33592人;博士研究生招生14212,在校生39638,毕业生8554人。可见,高等农业院校人才优势明显,如果能够鼓励科技人员参加农业科技推广活动,将对地方乡村经济发展起到积极的推动作用。

（三）学科优势

《中共中央国务院关于实施乡村振兴战略的意见》中明确提出,产业兴旺、乡村振兴是重点。我国必须坚持绿色兴农、质量兴农,以农业供给侧结构性改革为主线,加快构建现代农业产业体系、生产体系、经营体

系,提高农业竞争力、创新力和全要素生产率。产业兴旺、乡村振兴的重要途径之一是加快推进农业现代化进程,即用生物技术、信息技术和现代装备技术对传统农业进行改造和升级。因此,推进农业现代化需要多学科的相互交叉渗透。目前,高等农林院校80%以上是多科性或综合性的,农业、生物、信息等学科间的交叉和渗透,不仅促进了农业科技创新,也形成了对现代农业发展和乡村振兴的支撑力量。

(四)农业科技推广的优势

2012年中央一号文件提出,引导科研院所、各大农业院校逐渐成为公益性农技推广的重要力量,强化科研院所、农业院校服务"三农"。因此,多年来,高等农业院校坚持教学、科研、生产相结合,不断完善激励机制,鼓励专业技术人员深入农业乡村开展农业技术推广服务工作,随着一大批地方本科院校的转型发展,高等农业院校在农业科技推广中发挥的作用越来越大,在应用型人才培养过程中,将成熟的科学成果和技术推广到农业生产实践中,提高农业的生产力,发挥了农业科技推广"助推器"的作用。

第五节 搭建农业信息服务平台,助力乡村振兴战略实施

信息是重要的战略资源,农业信息资源是农业和乡村经济发展的重要生产要素。随着我国农业由传统农业向现代农业转型发展,信息作为一种新的生产要素正发挥着重要的作用。党的十六届五中全会对加快我国信息化进程提出了明确要求,指出信息化是覆盖我国现代化建设全局的战略举措,是我国加快实现工业化和现代化的必然选择,是既包括城市信息化也包括乡村信息化的一项十分艰巨的任务。

2016年,中央一号文件中提出大力推进"互联网+"现代农业,应用物联网、云计算、大数据、移动互联等现代信息技术,推动农业全产业链改造升级。2007年,中央一号文件强调要充分利用和整合涉农信息资源,积极推进农业信息化建设。在我国,乡村经济社会发展比较落后,城乡之间"数字鸿沟"仍在扩大的情况下,加快乡村信息化建设、发挥信息

化对乡村经济社会发展的巨大作用显得尤为重要和迫切。2019年,中央一号文件强调要深入推进"互联网＋农业",扩大农业物联网示范应用。推进重要农产品全产业链大数据建设,加强国家数字农业乡村系统建设。实施"互联网＋"农产品出村进城工程。全面推进信息进村入户,依托"互联网＋"推动公共服务向乡村延伸。全国农业现代化规划(2016～2020年)提出加快实施"互联网＋"现代农业行动,推进信息进村入户,提升农民手机应用技能,力争到2020年农业物联网等信息技术应用比例达到17%、乡村互联网普及率达到52%、信息进村入户村级信息服务站覆盖率达到80%。

一、搭建农业信息服务平台的意义

高等农业院校多为综合性或多科性院校,学科之间交叉渗透,不仅可以培养农业和信息方面的专门人才,也可以培养复合型人才,对开发农业生产、管理软件都有得天独厚的优势。因此,搭建高等农业院校为依托的农业信息服务平台,对推进农业信息服务,加快"信息入户"工程建设,破解"三农"问题,促进乡村振兴战略的实施具有重要意义。

(一)有利于推进"信息入户"工程

建设一批以高等农业院校为依托、实用性及针对性较强的农业信息服务平台,通过对信息资源的广泛收集、加工、发布与共享,构建适合我国不同地区的农业生产所需的自然资源、科技、农产品市场、政策法规和实用技术等信息数据库,为乡村基层管理及科技人员、农民及农业生产企业、乡村经合组织提供及时而准确的农业政策法规、市场供求、实用技术等信息服务,有利于推进"信息入户"工程。

(二)有利于破解"三农"问题

"三农"问题是困扰我国农业乡村发展的关键问题,党中央十分重视"三农"问题,一直把解决"三农"问题作为全党工作的重中之重。农业信息服务有利于引导农业及时调整产业结构、实施产业化经营,促进粮食增产、农业增效、农民增收。因此,加强农业信息服务将是解决"三农"问题的有效措施之一。

(三)有利于推动乡村振兴战略实施

《乡村振兴战略规划(2018～2022年)》对农业乡村信息化建设作出

具体规划,从积极推进信息进村入户,到加强农业信息监测预警和发布,提高农业综合信息服务水平,再到大力发展数字农业,实施智慧农业工程和"互联网＋"现代农业行动,鼓励对农业生产进行数字化改造,强调要加强农业遥感、物联网应用,提高农业精准化水平。高等农业院校农业和信息技术方面人才优势明显,搭建农业信息平台,开展面向农业、乡村和农民的信息服务,可强化资源共享,健全应用系统,可实现农业科技服务创新。通过推进农业信息服务,有利于加快乡村信息基础设施建设,有利于整合农业、乡村市场的信息资源,建立农业信息资源中心,建设农产品市场信息大型数据库,加快乡村信息资源开发利用,有利于促进乡村信息双向流动渠道的畅通,有利于推进乡村振兴战略的顺利实施。

二、发达国家农业信息服务概况

发达国家有比较健全完善的农业信息服务体系,从农业信息的采集、加工处理到发布形成完整的链条。信息技术的应用纵横交错,因而,农业信息服务使发达国家农业的优势得到充分发挥,劣势得到逐步改善,极大地提高了农业生产力和农产品的国际竞争力。主要有以下五个特征:

(一)通过立法保障农业信息服务

美国政府通过立法将农业信息纳入农业农村部门职能范畴,将农业信息服务法治化。英、法两国都依靠立法让产品生产和经营者如实填报自己的生产经营情况,保证农业信息来源的真实性和可靠性。法国农场主的经营、财务、税务方面的工作,一般都由相关协会帮助料理。德国农业统计法详细规定了土地、劳动力、农牧业生产、农业产量及经济状况等调查的各类指标和信息特性、选点要求和保密责任等条款。日本制定了《中央批发市场法》,作为农业信息服务的法律依据。欧盟制定了专门的《关于共同农业政策信息措施法规》,设置专门的农业信息采集、统计分析和发布等机构,保证农业信息服务工作。

(二)保证信息发布的连续性和规范化

美国政府制定了市场信息发布计划,农业农村部农产品销售局作为执行机构,及时、准确、公正地为农产品的买卖双方提供供需、价格、运输、趋势及其他能够反映当前市场情况的信息服务,每种信息来源于不同的机构,由专人负责并长期相对不变,按照规范格式会商后形成月分析预测报告。《世界农产品供求预测》已逐步成为被管理层、生产者和经销商所重视的世界性权威决策参考资料。德国联邦政府每年 2 月 15 日议会立会,研究农业信息发布事宜,立会前食品农林部必须公布农业发展年度报告。农业农村部的新闻信息处同电台、电视台、报界有密切的合作关系,负责定期发布信息。

(三)服务人员队伍精干、工作严谨

农业信息服务人员队伍精干高效,信息服务科学严谨是发达国家农业信息服务的显著特点。例如,美国按农产品市场细分配备信息员,信息员上岗前必须参加农业农村部的培训并取得职业资格证书。全国各地的信息员每天将从买卖双方收集信息,统一输入数据库,完成市场报告,再将数据和报告传到农业农村部华盛顿总部(AMS)。法国大区农业农村部门对严格选拔的信息员进行专题培训,要求他们必须到农场主家里填表,以保证采集信息的质量。

(四)信息服务多元化、社会化与商业化并存

政府部门一般承担公益性信息服务,对于盈利的服务项目则让利给有积极性的民间组织、机构或企业,有时政府也花钱雇佣社会力量去完成某些服务项目。英国多种性质的信息服务机构与公益性、社会化和商业化多种信息服务形式并存,各种信息直达用户,缩短信息传递的时间和过程,有效解决了最后一公里问题。法国农业信息服务由多元化主体承担(政府、研究部门、教学系统、社会组织、民间信息媒体、农产品生产联合体等),各主体既相对独立又彼此相连,构成了一种纵横交织的关系,保证与用户之间的信息沟通及时、真实。日本主要靠农林统计协会、全国农业改良普及协会、家之光协会等财团法人与社团法人编制整理统计情报资料。德国政府在不妨碍公平竞争的原则下,扶植有经营积极性的私人组织机构,除了国际经济信息以外,基本上采取不介入的政策。

(五)信息技术应用范围广泛

在北美、欧洲、日本,计算机和信息管理系统应用相当普及。农牧业生产都有各自的数据库和管理软件,可通过互联网跟踪信息、指导生产

和经营管理及资源保护,精准农业成为热点;信息高速公路已经通向乡村;卫星数据传输和设施农业已经实现自动化。

三、搭建农业信息服务平台,助力乡村振兴战略实施

(一)指导思想

农业高校信息服务平台建设要以习近平新时代中国特色社会主义思想为指导,以市场需求为导向,以整合信息资源和技术优势建立资源共享机制为基础,以建立和完善农业综合信息资源数据库为核心,以信息采集、信息发布、信息推送和个性化信息服务为主要内容,以全面提高乡村信息化服务能力、增强农业生产能力和农产品竞争力为目标,以国家强农惠农政策为保障,参照国家制定农业信息服务"面向乡村、农业企业和农民,利用现代信息技术,构建具有公益性、针对性、时效性、准确性的乡村科技信息服务平台"的要求,搭建以高等农业院校为依托的农业信息服务平台,为农业管理部门、农业科技工作者、农业企业、农业生产大户和普通农民提供信息和技术服务。

(二)主要内容

一是广开信息采集渠道,建立门类齐全的信息采集系统,多渠道、全方面收集区域信息、国内信息与国际信息。二是健全信息指标体系,采集的信息要能够覆盖农业和乡村经济运行的各主要环节和各相关产业,覆盖资源配置、农业科技、市场流通、生态环境、气候条件、政策动态等经济、科技和社会方方面面。三是注重采集信息的时效性和准确性。信息采集传递要及时,反映情况要真实,要对数据和资料进行加工和综合分析,提供有分量的分析研究报告,提高信息收集、加工、处理、分析一体化水平和决策参考价值。

农业信息综合服务平台主要包括以下九个方面的内容。

(1)农业资源和环境方面的信息。包括土地、大气、水、生物品种和环境变化等重要内容,掌握这些信息就能及时正确地制定相应的政策与对策。

(2)乡村社会和经济信息方面的信息。包括乡村人口及其变化、教育、科技普及程度、农民收入水平、乡村道路、能源、卫生情况等。

(3)农业生产信息。包括农作物品种与栽培技术和生产规模、生产

进度、生产成果等信息。

(4)农业灾害信息。对农作物的土壤、水旱灾害、病虫草害、生态环境和畜禽疫病等进行监督、速报与预报,有利于农业的减灾和防灾。

(5)农业科技信息。农业科技信息交流不畅,严重影响了科技的进步。因此,必须借助农业信息网,促进农业科技成果交流与推广应用。

(6)农业教育信息。大部分农民与农技员可以通过计算机、多媒体学习各种农业知识,以加快农业科技的普及,提高农民的科技和文化素质。

(7)农业生产资料市场信息。农业生产资料信息化,可以减少市场存在的种子、化肥、农药、农用薄膜、农业机械等各种生产资料的供需矛盾。

(8)农产品市场信息。为了使各地农产品销路畅通和供销协调,建立以计算机联网为基础的农产品市场信息化网络是一项关键性的措施。

(9)农业管理信息。农业管理信息化可以使农业行政管理、农业生产管理、农业科技管理、农业企业管理提高到一个新的水平,从而加速农业的发展。

第四章　乡村振兴战略下的生态循环农业模式发展

第一节　概述

一、发展生态循环农业已成业内共识

在面对农业资源约束趋紧、农业乡村环境污染严重、生态系统退化的严峻形势下,要积极转变农业发展方式,促进农业乡村的可持续发展,找到合理的着力点和突破口至关重要。在这样的背景下,以生态经济、循环经济理论为指导的生态循环农业被人们所关注和接受。生态循环农业是一种在新的理念指导下的新的农业发展方式,它强调尊重自然、保护生态环境,强调节约资源,关注资源循环利用,是人类在面临长期的常规农业发展带来诸多弊端的情况下,寻找的一种可以解决农业经济发展与资源环境矛盾的新型替代农业形态。生态循环农业既是我国农业由粗放型经营向集约型经营转变的新型农业发展方式,又是实现农业乡村可持续发展的战略思路和提升农业乡村生态文明建设水平的重要突破口。国内外诸多研究及实验实践经验表明,生态循环农业是能够实现经济效益、社会效益和生态效益有机统一的高效农业。同时,近年来我国各级政府出台诸多文件、政策法规支持生态循环农业的发展。可见,生态循环农业作为实现我国农业可持续发展的战略选择,这一理念已在国内理论研究和实践发展方面达成共识,而且在国家政策层面受到认可并不断推进,生态循环农业将是我国农业发展的方向。

二、生态循环农业发展的困境

随着生态循环农业理论研究的不断深化成熟、实践实验的成功示范以及国家政策的大力支持,生态循环农业迎来了前所未有的发展契机,并且经过多年的发展已取得一定成绩,但是其实际推广力度和发展效果

并不尽如人意。由于受到传统、历史及其现实条件的限制,我国生态循环农业的发展目前仍多处于零散、局部、小范围、效益低的阶段,据测算,生态循环农业覆盖率只有 10% 左右,远没有成为农业的主要形态,更未形成规模经济效益,距离我们所说的经济效益、生态效益以及社会效益共赢的理想状态还有很长一段距离。一方面是上下一致地要发展生态循环农业的种种规划、意见,另一方面却是生态循环农业在现实中仍然是农业生产形态中的"试点状态",出现这种矛盾的核心症结就在于生态循环农业还没有实现高效发展。就生态循环农业的特质来讲,它是可以实现经济效益、社会效益和生态效益相统一的高效农业,但是我们的农业发展却处于瓶颈期,如何打破瓶颈,推动生态循环农业走向持续高效发展之路是我们需要关注并积极解决的重要问题。

三、生态循环农业高效发展的突破口—发展模式和保障机制

经过系统考察、深入研究,本书认为建立有效、可行的模式是促进生态循环农业高效发展的突破口。目前,生态循环农业之所以普及率不高、效率低下,其中一个重要原因就是缺乏行之有效的发展模式。有效模式不仅关系到生态循环农业的推广、应用及实际发展路径的选择,而且关系到生态循环农业生产效率的持续提升。此外,生态循环农业模式的稳定、持续运行需要相应的机制来进行保障。因此,本书将以生态循环农业模式为研究中心,并着重对模式运行的保障机制进行分析,通过研究把握其中的机理,提出相应的对策,促进生态循环农业高效发展,推动我国农业的转型升级。

第二节　生态循环农业模式构建

站在参与主体的视角研究生态循环农业模式,首先需要对各参与主体进行识别,并找出其中能够带动生态循环农业发展的优势主体。本书将生态循环农业的参与主体概括为 4 类,分别是农户、农业企业、政府和社会公众。在本书的"生态循环农业参与主体识别及作用"中将对这 4 类参与主体的作用作详细解释,此处仅对其对发展生态循环农业的作用进

行简要说明。农户是我国生态循环农业发展的最广泛、最基础的力量,将其称为生态循环农业的基本参与主体。相对农户而言,农业企业具有经营规模大、组织化程度高、管理科学、技术水平先进等优势,这些特征契合了高效生态循环农业发展的要求,能够更好地带动生态循环农业经营活动的开展,因此,将农业企业称为生态循环农业的核心参与主体。政府是生态循环农业的促进者和引导者,社会公众是生态循环农业发展的监督者和中介者,这两者并不直接参与生态循环农业生产经营活动。其中,作为参与生态循环农业发展的基本主体(农户)和核心主体(农业企业)二者共同构成了生态循环农业的直接参与主体,可称作经营主体。

在论证构建参与主体模式的意义,对生态循环农业参与主体识别并分析其作用以及实践调研的基础上,构建了农业企业驱动的生态循环农业模式,并对其效益进行分析,阐明了该模式在实践应用中的有效、有用性。农业企业作为核心参与主体的作用在这一模式当中得到充分体现。但是,该模式在突出农业企业在发展生态循环农业当中核心作用的同时,不仅没有割裂与农户的关系,反而是建立在这两类主体不同程度互动关系的基础之上。该模式发展的最终目的是通过企业的带动和示范作用,在全国范围内形成生态循环农业大发展的格局。模式普及、发展的过程,一方面表现为出现更多的农业企业作为核心主体参与这一模式,并按照生态循环农业的要求进行生产经营活动;另一方面则是在农业企业带动下,广大农户通过日益牢固的循环链接融入这一模式,逐步参与到生态循环农业发展的过程中,在模式的推广、扩大过程中,发挥应有的重要作用。因此,以模式基本参与主体农户的意愿及行为分析为基础的参与机制的研究,构成了本书的重要组成部分。

第三节　生态循环农业模式运行保障机制

模式的形成只是第一步,只有当模式在实际中得以推广并长期稳定运行才能带来实际的效果。要实现模式的长期稳定运行,必须有与之契合的内在动力机制和参与机制为其保驾护航,否则就会陷入技术可行但是推广不力的困境。

第一,利益联结机制和动力机制是模式运行的根本保障。本书提出的动力机制涵盖两个层面:第一个层面是模式中各经营主体合理利益联结的建立;第二个层面是动力机制的建立。本书将这两个层面统一称作广义的动力机制。首先,农业企业在生态循环农业模式构建及其运行中发挥着核心和主导作用,而企业发挥作用的前提是必须在循环经济系统中建立合理、稳态的利益联结关系,否则企业就会失去参与的动力。基于此,站在农业企业的立场,从循环系统中经济价值链条耦合的角度对构建的3种模式的利益联结进行了分析,其基本思想是各经营主体只有认识到循环后的经营模式会带来更好的经济收益,才有积极性参与到循环构建中去。其次,由于农业企业往往只关注于自身的经济利益,忽视了对生态效益和社会效益的考虑,政府作为一个宏观调控主体,则需要站在全局、全社会的角度去关注生态效益和社会效益。因此,在第二层面的分析中,将整个循环系统作为分析的基点,构建循环系统的动力机制分析模型,识别出循环系统中各参与主体的动力激发源、动力作用机理和作用方式,为农业生态循环模式的建立、运行提供理论上的支撑。由于农业企业和动力机制分析模型在模式构建和运行中发挥着特殊的重要作用,故将利益联结和动力机制称作是模式运行的根本保障。

第二,形成有效的参与机制是模式运行的基本保障。动力机制实则主要是站在农业企业和政府的角度,对保障模式运行的利益联结和内在动力生成机理进行分析。正如前文所述,农户作为目前和今后一段时间内模式的基本参与主体,他们的参与和支持对模式的推广和普及具有重要意义。农户既不像农业企业那样对是否参与模式完全取决于经济利益的追求,也不像政府那样对发展生态循环农业持认同和支持的态度,他们是否愿意加入企业带动的生态循环农业模式中,参与生态循环农业实践的意愿和行为的影响因素比较复杂。因此,本书在参与机制的研究中重点对农户的意愿和行为进行分析,以期通过研究找到制约农户参与的瓶颈因素,进而有的放矢提出相应的政策启示,推动生态循环农业模式的普及和发展。由于农户是我国农业发展最广泛、最基础的力量,是生态循环农业模式的基本参与主体,农户的参与意愿和行为决定着生态循环农业模式普及的广度和发展的效果,因此,将这一机制称作模式运行的基本保障。

第五章 农产品服务供应链与品牌价值共创

第一节 服务供应链的形成与演进

一、服务供应链形成

在经济全球化不断发展的今天,传统的以产品为核心的供应链管理模式已无法适应现代企业的要求,以服务为核心的供应链管理模式应运而生,深刻影响着企业运营。供应链经历了由以产品为中心阶段到产品与服务相融合阶段的发展过程,其内在的商业运行逻辑由以商品主导逻辑向服务主导逻辑转变。在这一过程中,服务逐步由商品运营补充走向了商品运营中心,企业与顾客的关系从交易导向向关系导向演进,顾客逐步参与到企业运营和服务供应链环节中,共同创造价值,通过服务供应链体系的完善更好地满足顾客的需求。结合产品服务化维度、服务供应链维度,可全面认识商品主导逻辑下产品服务供应链的运行情况,判断未来产品服务供应链的演化趋势,即在客户极致性服务体验需求的驱动下,产品供应链将向服务供应链发展。

（一）从产品供应链到服务供应链

1. 产品供应链时代

20 世纪 80 年代,学术界基于企业生产与销售供应的状态,提出了供应链的概念,反映在经济活动中,由供应商、生产商、批发商、零售商、物流商和消费者构成的商品供需网络。由此形成的供应链管理是以提高质量和效率为目标,通过整合资源实现产品采购、设计、生产、销售和服务,以满足顾客的需求,实现企业之间的协同管理。供应链的范围不仅包含企业的供应链,还包括产业供应链。企业供应链是围绕核心企业,供应商、生产商、销售商相互协作形成的功能网络结构,以满足消费者需求的供应网络关系。产业供应链通过协调产业链上下游关系,连接着农业、制造业、物流服务业。在传统的以产品为中心的时代,整合和优化供应商、制造商、零售商之间的资金流、信息流和物流,形成了以产品生产、流通与销售的网络体系,产品是网络结构的核心。伴随着物联网、大数据、云计算、人工智能等前沿技术的发展,全球范围内的传统产业都迎来了新一轮的深刻变革,无论是早期的通用汽车、宝洁、沃尔玛等传统优势企业,还是此后出现的以汽车、服装、医药和建材为典型代表的产业供应链,或者各类互联网企业,都从战略高度把握最终用户需求,通过企业与企业、产业与产业之间的有效合作,在成本、时间和柔性等方面获得了极佳的管理效果。实质上这是产业运用集成理念和思想通过整合优化各项资源的全方位的供应链改革,以持续提升供应链的效率。

从商业逻辑来看,以产品为中心的供应链是以商品为主导逻辑的。企业在生产、销售过程中,商品是所有供应体系的主体,衍生的服务也是围绕产品品牌开展的。供应链思想在农业和工业制造业的运用获得了巨大的成功。在产品和服务多样化的今天,几乎所有的商品都具备互换性。消费者无论使用什么品牌的产品,享受到的售后服务和资源都没有什么显著的区别,这个时候能抓住各自的客户群体,就等于抓住了市场。

2.服务供应链时代

20世纪90年代以来,传统制造业的生产能力急速膨胀,许多国家的制造业已经开始供大于求,而消费市场也逐渐开始饱和。随着人们生活质量的提高和人均经济收入的增加,消费者已经不再满足于标准化的产品,开始追求高质量、优质化的服务,全球服务业开始异军突起。人们的生产方式、消费方式以及交易方式都有了很大的改变。制造业与服务业相互融合,基于服务搭建的桥梁促进产业协同共同创造价值。随着制造业的产品供应链的成熟,供应链的下游发展不断扩大,逐渐开始指向了服务业。现代企业在战略规划中不似以前把产品放在第一地位,而是把客户放在第一地位,供应链的中心也变得不同。供应链管理开始向服务行业或服务扩散,出现了制造和服务融合、相互支持发展的态势。

(二)服务供应链发展动因及发展趋势

英国著名供应链管理专家马丁·克里斯托弗于1992年指出:"21世纪的竞争不再是企业和企业之间的竞争,而是供应链和供应链之间的竞争。"发达国家普遍将供应链上升为国家战略，竞相掌握全球供应链主导权。

1.服务供应链发展动因

早期的企业管理观点认为，从原材料采购、生产到销售的过程是一个经营的全部，市场可以将企业生产的产品流向顾客手中，因此企业管理的核心是优化业务流程，降低成本、提高效率就能够实现利润最大化的目标。伴随着服务经济的快速发展、制造业服务化的兴起以及供应链管理思想的成熟，以服务为主导的集成供应链，不仅涉及服务业，而且还延伸到农业、制造业以及第三产业活动中，服务供应链由此形成。从供应链发展的角度来看，服务供应链产生动因一方面是由外部环境推动而发展的，如市场竞争、政府政策扶持、顾客需求等环境要素；另一方面基于内部动力机制形成，如企业学习能力、企业服务创新能力、技术创新能力推动等方面。本文认为核心因素包括以下三个方面：

(1)产品服务化推动。在传统的以产品为中心的商业逻辑中，供应链被理解为企业的内部过程，原材料采购、物料生产、生产转换和成品传递、产品销售都在企业内部完成，各个供应以及生产销售节点都被认为是企业自身的运作模式，企业与顾客的关系是供应商与购买者之间的交易关系。随着市场竞争的深入，内部节点的供应链管理难以达到预期的目标，部分企业希望通过前向一体化和后向一体化以提升供应链节点效率，但通过产权交易或投资难以快速满足企业的需求，因此相互协同以产品服务化为核心的外部供应链成为企业重要的选择方向。物流服务供应链是最早随着产品供应链的不断发展而形成的，是依附于产品供应链而存在的外部供应链。产品服务化为传统产品供应链的转型升级提供了新的契机，从而逐步形成服务供应链。

(2)服务创新能力推动。服务供应链的发展也是伴随着现代服务业发展而快速发展的。对于顾客来说，对企业提供的实体产品已经不仅满足于产品本身，对服务质量也提出更多的要求。如何更好地满足顾客的需求，如何实现服务创新就成为企业转型升级的重要方向。由此，企业识别为顾客服务的机会，提供具有创新性的服务，需要有效整合服务资源、重构市场的能力，这就需要企业具备服务创新能力。在传统的供应链体系中,企业只能局限于内部的资源,但在外部服务不断发展的市场里,通过不断与外部供应链企业构建网络关系,协同服务供应链上各成员的活动,对供应链中多元且分散化的优势资源进行获取、整合、重构,从而形成相对竞争对手更多的优势。因此,服务供应链不仅是企业产品运营的保障,更是企业竞争的手段。

(3)技术创新能力推动。随着企业竞争战略逐步由以产品为中心转向以客户体验为核心,供应链也由传统的产品供应链或服务供应链逐步转变为产品与服务相融合、相集成的产品服务供应链,这是随着信息技术和互联网的发展出现的。服务供应链的网络关系基于信息技术的支撑而得以整合,使供应商、制造商、分销商、物流商和最终用户通过信息共享和网络技术相互沟通,从而实现了服务供应链一体化。建立在 Internet 基础上的电子商务为服务供应链能力升级提供了保证,能够对市场需求做出快速反应,通过合理改进提高市场占有率。支持技术不断成熟,为服务供应链构建提供技术支持,企业技术创新能力成为服务供应链发展的基础和推动力。

2.服务供应链发展趋势

(1)供应链协同化。伴随着竞争全球化,组织之间的关系变得十分紧密和复杂,竞争已经从传统的企业之间的竞争发展成供应链与供应链之间的竞争。供应链协同成为企业获取竞争优势的关键因素。供应链协同是从系统角度出发,推动供应链企业内部与外部的协调发展,实现供应链成员企业效益最大化,提高供应链整体竞争力。服务供应链协同是提供服务的各节点企业通过协议或联合方式形成服务供应链条,促使供应链合作伙伴实现合作创造绩效。研究表明,服务供应链协同更有利于企业发现消费者的价值需求。在未来研究中,服务供应链协同成为未来重要的研究趋势。

(2)服务供应链模式多元化。对于服务供应链的概念理解,我国学者有不同的看法,其主要有两种不同的说法:第一种是供应链与服务业相关的各个环节和活动;而第二种则是服务供应链是制造业或者制造部门的相关供应链与服务业或者服务部门的相关供应链之间的关系网。在服务供应链的模式研究方面,同济大学的张大陆教授、徐健等以服务为基础,对服务供应链进行了算法复杂的建模,提出了两种较为抽象化的模式:一种是简单的服务供应链模式,另一种则是较为复杂的树状服务供应链。其实,简单的服务供应链模式也就是一个服务供应主体,其余的下游服务客体都有着类似的服务需求,也可以抽象理解为一条主线下的同一富裕个体的不断延续,并且有着类似的需求。而树状服务供应链则与其相反,服务供应链上的实体需求情况有所不同,有许多服务主体的关系网,每一个主体对于服务的需求可以相同,也可以是相互补充,最终向不同的层次、不同维度和深度去拓展,形成关系复杂的树状服务供应链。他们的建模使得服务供应链有了较为严谨的逻辑关系,也因此这一建模对于服务供应链模式的研究,以及后续的发展都具有很大的启发性。此外,我国学者还以不同行业为基础,通过研究提出了不同的模式,如产品售后服务供应链模式;物流服务供应链模式;旅游服务供应链模式;医疗服务供应链模式;会展服务供应链模式;农产品服务供应链模式等。

　　服务供应链以集成服务为主导,通过上下游资源的整合、信息的共享,以服务拉动供应链的管理和运作,能够快速地满足客户的服务需求,在服务主体之间的相互协作也得到改善。基于现代产业服务化,服务供应链的应用将不局限于物业、旅游业和物流行业,许多产业供应链之间也将融入服务,如农产品供应链中融入服务链的概念将大大改变传统的农产品供应链运作模式,工业企业同样也不例外。所以对服务供应链模式的研究具有深刻的发展意义。

二、农产品供应链演化路径

　　从 20 世纪 90 年代研究美国杂货店危机开始,国内外学术界围绕农产品供应链进行了多角度的研究,涉及农产品供应链组织模式、资源的优化和整合。农产品供应链信息等多方面的内容,一方面来自企业界的实践,另一方面来自信息技术和管理理论的推动。考察农产品供应链演进的路径主要从以下几个方面来分析。

　　(一)农产品供应链组织模式发展

　　农产品供应链组织模式的变迁是农业改革的必然结果。姜阳光、孙国华(2009 年)提出了"农户＋市场"模式、"公司＋农户"模式以及"公司＋农户＋基地模式"三种模式,并认为"公司＋合作社＋农户"模式是一种相对有效的模式。罗峦等（2014）从治理结构视角出发提出了非资格伙伴的关系型治理与有资格伙伴的关系型治理等五种模式。对于 X＋农产品供应链组织模式来说，采取什么模式是由供应链发展阶段决定的，是伴随着供应链节点企业数量、发展水平和管理水平不断演进变化的。对于农产品组织模式的创新是农产品组织模式一体化的主要内容，金廷芳（2011 年）针对传统农产品供应链为主体的二元结构，提出"建立一个由农户、农民专业合作组织、龙头企业、零售企业、消费者组成的战略联盟型供应链，并通过新型农业合作组织，以龙头企业为核心、以利益为纽带、以契约为手段构建新型的联盟化、一体化农产品供应链模式"，从而降低农户的生产风险，稳定农产品供应，保证产品安全。以乡村当地的合作社和龙头企业为核心的一体化供应链模式逐渐成为了农产品供应链发展的新模式。

（二）农产品供应链的整合

农产品供应链从不断地发展中开始进行了资源等结构框架的整合。纪良纲等（2015 年）提出要以供应链增值能力水平为主要参考指标，构建出一个资源整合、组织整合和信息整合的理论研究框架，在实践中找到可行的供应链整合，从而实现农产品供应链整合的有效突破。林德萍（2016 年）认为要从消费者角度出发，以消费者利益为导向分析农产品供应链整合过程中存在的问题，提出要提高农产品的质量、安全性、价格水平，健全农产品产地与城乡供应链的整合，优化"南菜北运"的供应链整合，完善基础设施建设，提升"农超对接"的应用程度，构建基于消费者利益视角下有效地进行农产品供应链整合的相关对策。农产品供应链经过不断发展，其模式和机制得到了不错的整合，并且也提出了像"农超对接"和"南菜北运"等较为实用的模式应用。

（三）农产品供应链的信息化

由于农产品自身的特殊性，即农产品易腐烂、易损耗、产品的差异化程度小、物流过程较长、环节多且复杂。这些特征决定了农产品物流与商业物流和工业物流有所不同，要求农产品物流反应快、物流时间较短、各个物流环节的动态可控性等。因此，农产品供应链也随之融进了信息共享、可视化等特点。王宁、黄立平（2005 年）在互联网信息网络架构下构建出一个供应链信息共享和供应链全程的可视化的农产品物流供应链运行模式。

在当今经济全球化、产业相互融合发展的环境下,农产品供应链发展逐渐与服务业的发展有所交集。服务供应链与农产品供应链的融合在未来也是大势所趋,服务供应链管理和优化的目标,针对的不仅是服务业本身,还要考虑到与相关产业融合的因素。在经济全球化的浪潮下,农产品供应链的进一步发展与演化将与服务供应链的发展相互融合,提高自身的运作效率,使得供应链的总体效益最优化。

目前,我国农产品供应链的发展已经较为完善了,但是依然存在一些问题和不足。基于农产品供应链信息研究层面,我国存在各级农产品市场的信息网络设施落后、信息服务技术滞后、农产品消费信息服务形式单一、信息内容不丰富、农产品信息服务针对性不强、农产品流通中的各种信息资源没有进行有效整合等问题。而信息的及时传递与共享又是协调农产品流通中各利益主体的基础,是促进农产品的合理流通、实现农产品供需平衡的重要保证,对建立我国现代化的农产品流通体系具有重要的意义。在对农产品流通过程以及信息不对称等问题的研究中有关服务的交融已经有所体现,这意味着服务在农产品供应链中的作用已经不可忽视了。

我国学者喻立(2017 年)基于农产品的流通过程,对服务供应链展开了研究,他认为在现代化的基础上,农产品的流通可以结合服务供应链的视角来分析,找到一种有效的协同方法,可以将农户、农产品、物流商、加工商以及最终的顾客进行有效的整合,形成内部和外部客户;根据服务供应链的运作机制,使得供应链上的企业和客户变得更加灵活,资源的配置也可以在虚拟化的网络中变得更加方便灵活,这在客户多样化的环境下会有不错的应用。贝斐(2018 年)则是以农产品合作社为研究对象,认为农产品流通服务供应链是在服务供应链的基础上提出的,提高农产品流通服务供应链的集成度有助于减少流通成本和提升农产品流通的绩效。可见,农产品在现代化物流快速发展的环境下已经开始与服务供应链有所交融,服务供应链的运作机制也对农产品的流通起到了不可忽视的作用。

　　服务业、旅游业、物流业的服务供应链较为集中于对于服务信息的管理和运作,通过服务主体与客户之间的直接对接,以集成服务为主导,形成系统化的服务链体系,使得上下游企业之间的直接服务对接大大减少了时间成本、交易成本等相关运作成本,中间过程没有太多复杂的环节。那么,如果农产品供应链中融入服务链,对于农产品的信息共享和协调管理都会有积极的影响。同时,在农产品的配送、运输以及仓储环节融入相关服务链体系,比如物流业服务链模式,可以在农产品供应商与集成物流服务供应商之间构建销售桥梁;相应的供应链的下游主体,如零售商、批发商之间有相互合作的关系网,那么只需要通过互联网、电子商务平台下单,农产品供应商就可以直接将产品打包配送给下游的零售商、批发商和顾客,可以省去很多复杂的中间环节,提高销售的效率,减少了其中很多的自我运输、仓储等相关费用。像一些生鲜农产品,因为要保鲜,所以对物流运输、冷冻仓储等环节要求十分苛刻。但是,由于农产品供应链上下游主体之间的联系不足,信息的延迟性可能会导致农产品的销售决策较为滞后,产品的保鲜问题就更加难办了。而在港口型服务链中,它们将各类依赖于港口的服务供应商和客户有效地结合在一起,将正确的商品数量在正确的时间内送达。如果其与农产品物流供应商建立合作伙伴关系,就能很大程度上减轻生鲜农产品销售和配送过程中的成本问题和保鲜问题,最大程度保证农产品的鲜活性。彭建仿(2017)对传统农业社会服务组织的问题进行分析比较,将农业社会化服务供应链的演进机理作了简要的研究分析。他认为构建协同响应为基础目标的农产品社会化服务供应链有利于农业供给侧结构性改革,同时也对农产品供应链的完善有积极作用。可见,服务供应链的理论与运作机制在农产品流通以及社会化过程中都起到重要的作用。

　　随着互联网技术的发展,服务供应链的理论和运作将通过供应链的动态资源配置,更加灵活地融入农产品的流动服务中。农产品的未来也将向智能化、机构化以及服务化的方向发展。制造供应链的相关理论的完善也对服务供应链的完善有很好的启发和引导作用。通过实践,逐步完善相关的理论和模式机制研究,农产品服务供应链必将形成一套完整严谨的理论体系。

第二节　农户认知与
特色农产品区域品牌价值共创

　　我国是农产品生产大国,同样也是农产品消费大国。党的十九大报告指出:"要确保粮食的安全就要把饭碗牢牢握在自己手上,要实现小农户与农业发展的有机链接。"加强农户与农产品区域品牌联系,探索农户与农产品区域品牌的建设路径,可促进农产品质量的提高。我国农产品的产量近年来稳步提高,国家统计局统计,截至 2019 年底,主要粮食农作物产量达到了 66384.34 万吨,其中特色农产品的产量也逐年上升,马铃薯等农产品达到了 1800 万吨左右,而人均主要食品消费量超过了 127 千克。在第十六届中国标准化论坛上,学者王晶提到"我国农业标准化体系不健全,农产品品牌质量不高等问题"农户作为农产品品牌建设和发展的核心主体,他们对于农产品区域品牌建设的了解程度以及在区域品牌价值建设过程中的主观能动性,即能否积极主动地接受新技术,参与到农产品供应链的运作中去都将会影响到供应链环节上的其他主体,从而对整个区域品牌价值共创体系产生不可小觑的影响。因此,本书深入农户和企业中进行实地调研,收集一手数据进行分析,了解他们对于区域品牌价值建设的看法,试图探究农户的行为(包括农户认知与农户的参与意愿)对特色农产品区域品牌价值共创以及绩效是否会有影响。

　　价值共创是利益相关者之间合作互动、协同创造价值的过程。Prahalad 和 Ramaswamy 认为价值共创就是企业与消费者共同识别问题和解决问题进而扩大价值的过程,他们认为价值共创的主体应该是制造商或供应商与服务或者产品相关的消费者。价值的共创似乎与主体间的互动密切相关,在品牌价值共创内涵中,Merz 等(2009 年)分析了品牌研究的演化路径,认为品牌价值共创是利益相关者可以通过网络关系和社会互动来创造价值。既然互动体验可以协同共创价值,对农产品品牌价值而言也是如此。薛颖等(2019 年)结合了品牌价值共创理论对有区域特色的绿色农产品进行了理论研究。认为品牌价值能增加农户的收入和认可度,而农户可以协助供应链企业更好地创造区域特色绿色农产品的附加价值。可见,消费者与企业之间的互动是品牌价值共创的一种重要的方式,企业通过整合网络资源去设计消费情景体验,让顾客参与消费体验,从而激发他们与企业一同进行品牌价值共创。农产品品牌价值共创是基于价值共创理论进行演化的,可以理解为多元主体共同参与品牌价值共创体系以提升品牌价值。农户作为农产品品牌价值共创的核心,农户的参与、认知都将对构建农产品品牌价值共创具有重要影响。探索农户与农产品区域品牌的建设路径,对提高农产品质量、促进区域品牌价值提升具有重要意义。

认知是对事物或者现象的认识或者理解。那么品牌认知便可以理解为对品牌的认识或者熟知差异,包括品牌形象、价值和知名度的认知。Howard 将品牌认知定义为人们可以清晰地分辨出某品牌与其他品牌的不同之处,也能对其差异有所了解。而 Aaker 则是把品牌认知的具体内涵阐述为消费者对品牌的内涵、个性、产品价值的认识和理解程度的不同,分别对差异性认知、相关的认知、尊重度认知以及认识度认知进行了阐述。而品牌主体对品牌关系以及品牌价值的认知都是品牌价值建设的关键,学者齐文娥等(2018 年)通过调查广东荔枝种植户发现,农户在农产品品牌建设中的品牌意识、投入意愿以及对品牌价值知识和龙头企业的认知了解程度对农户的品牌投入意愿呈显著的正相关关系。综上所述,品牌认知可以概括为顾客对某品牌与其他品牌之间的差异性的熟知程度。同时,在农产品品牌建设中,农户对于品牌价值共创的认知也会促进提高当地农业收入;对于消费者自身来说,品牌认知同样会影响他们的消费行为,产生购买冲动。

顾客对于品牌知识的认知度已经直接影响到消费者当时的购买行为,对顾客的未来消费行为也有间接的影响。而随着研究的不断丰富,各行业的品牌价值研究也不断深化,农业作为我国重要的支柱行业,对其农产品品牌的研究也不断深化。胡彦蓉等(2019 年)利用问卷调查方式对临安山核桃的原产地品牌认知做了研究,原产地品牌认知对顾客购买行为会产生显著影响。但是,涉及农户认知的相关文献较少,其与区域品牌价值共创的关系值得探讨。由于相关文献研究的不足,我们无法深入地了解到农户认知与农产品品牌价值共创的关系,尤其是在特色农产品区域品牌共创过程中,缺少了与农户关系的论证。因此,探究农户认知对特色农产品区域品牌价值共创的影响是具有实践意义的。

一、参与意愿与特色农产品区域品牌价值共创

参与意愿可以用企业产品或服务的次数多少来衡量。关于顾客参与的概念内涵,学者们各抒己见,不断深化其内涵,而研究的焦点多集中于顾客参与的维度、概念内涵、程度以及可能产生的行为影响这些方面。Cermak 等(1994 年)定义顾客参与其实是顾客涉入服务提供过程并传递有关信息的具体行为过程,反映了顾客的涉入和努力程度,从精神和物质两个层面说明参与是与服务生产和传递相关的顾客行为。那么,顾客参与也可以描述为顾客在服务过程中的智力、实体和精神的投入。而顾客参与的维度分类也有许多种,大体上也可概括为精神维度、身体维度、智力投入、情绪投入、信息共享以及服务合作等。例如,Silpakit 和 Fisk(1985 年)认为顾客参与分为三个维度,即情绪投入、精神投入以及身体投入。顾客参与是在服务过程中顾客在不同维度上的参与和投入,顾客的低度、中度以及高度参与,也会对企业品牌的发展以及绩效等产生不同的影响。主体的参与可以极大地提高自身的价值以及品牌的收入,张甜甜(2018)研究发现农户积极参与企业或者龙头企业的品牌建设工作,不仅在价值共创活动中提供了资源和劳动力,也能增加农户的收入。可见主体的参与意愿,比如农户参与意愿极大地影响着产品自身的品牌价值共创的效果,提高参与主体的价值,达成多赢。

顾客参与是客户在不同维度的参加与投入,是在精神上、行动上、智力上的投入组合,如辅助戒烟产品的推广往往需要客户的参与体验,通过顾客的体验反馈从而对产品的品牌进行精准定位,实施合适的品牌策略,从而提升产品的品牌价值。学者们构建了顾客参与影响企业绩效的综合模型,认为顾客参与有利于企业提高生产效率和服务价值。企业在设计产品时加入顾客的参与和反馈,将会对企业产品品牌的价值提升有很大的帮助,这样以客户需求为中心的品牌往往更加容易被消费者接受。同样地,在特色农产品的生产和销售中,如果顾客或者农户对农产品越了解,就会越放心地消费。陈文军教授在文章中也提到,顾客参与品牌价值共创有利于提升其品牌资产以及形成品牌忠诚度的竞争优势,

即顾客的参与意愿对品牌价值共创是有积极影响的。

然而,关于参与意愿在农产品品牌价值共创中发挥的作用却少有文献提及,农户的参与意愿在农产品品牌价值建设过程中同样有着重大的意义,对于特色农产品区域品牌来说,农户和消费者对其品牌价值共创的参与意愿同样会影响到其价值共创的效果。因此,对于农户参与意愿与特色农产品区域品牌价值共创关系的研究较为新颖且具有较大的研究意义。

二、特色农产品区域品牌价值共创与绩效

品牌价值共创是价值共创的演化,通过与价值主体之间的对话、合作进行信息的交流,在企业与消费者的互动中,企业根据消费者的价值共创目标,结合自身的资源优势,打造价值共创系统,实现企业与消费者价值的协同创造。在奚路阳(2020年)的研究模型中,消费者是企业品牌价值共创模型中的核心主体,他认为消费者参与企业互动主导逻辑是企业进行价值共创的核心途径。因此,品牌价值共创的关键在于利益主体之间的合作和对话,通过互动来共创价值,从而提高企业的经营绩效。而绩效作为衡量企业经营活动成果的主要因素之一,对产品品牌价值有较大的影响。而特色农产品区域品牌价值共创的绩效可以简单理解为在区域品牌价值共创过程中获得的效果和收益,即通过进行特色农产品区域品牌价值共创,从而使特色农产品的区域品牌价值、品牌知名度有所提升,进而提高特色农产品的销量以及品牌的满意度和知名度等。从薛颖他们对绿色农产品品牌价值共创的研究中可以得知,区域品牌价值是绿色农产品的附加价值,提高品牌价值不仅能获得农户的认可,同时也能增加农户销售农产品的收入,吸引对品牌的投资。有了附加价值农产品的农资企业在农产品营销上会占有一定的优势,其品牌价值共创的影响就会显现出来,既能获得农户对品牌的满意度和认可,也会增加特色农产品的销售收入。农产品品牌建设是近些年来学术界的热门话题,关于特色农产品区域品牌共创与绩效之间的关系则是较为新鲜的话题,较少有文献对两者的关系进行详细的解释,因此,本书对特色农产品区域品牌价值共创与绩效进行研究分析是具有积极意义的。

三、特色农产品区域品牌价值共创对绩效影响

在上文的文献梳理和研究假设中,我们得知农户认知和参与意愿对特色农产品区域品牌价值共创会有影响,而品牌价值共创又会对绩效产生影响。那么,我们可以从这几个因素中发现,农户认知、参与意愿对绩效是有间接影响的,在许多学者的研究分析中也提到了顾客参与对企业绩效会有直接影响。由此可以推测,品牌价值共创在农户认知、参与意愿和绩效间存在媒介作用。

四、特色农产品区域品牌价值共创在农户认知、参与意愿和绩效间有中介作用

基于上文的假设,本书构建了农户认知、参与意愿与特色农产品区域品牌共创以及绩效之间的研究模型。农户认知对特色农产品有正相关的影响,表现为农户认知与品牌价值共创之间的连线。参与意愿会对特色农产品区域品牌价值共创产生正向影响,模型表现为参与意愿与品牌价值共创之间的连线。而特色农产品区域品牌价值共创对绩效的显著影响则表现为品牌价值共创与绩效之间的连线。特色农产品品牌价值共创的中介作用表现为农户认知、参与意愿到区域品牌价值共创的连线再到绩效之间的连线。

五、顾客参与在特色农产品区域品牌价值作用

根据以上分析,我们可以得出如下结论:第一,顾客参与活动有利于特色农产品区域品牌价值的发展。顾客与企业共同作用确保特色农产品的产品和信息都能够顺利流通,以及达到资源充分利用的效果,进而实现特色农产品品牌价值共创。第二,特色农产品品牌价值共创在顾客参与和绩效之间具有中介作用,并进一步促进企业绩效的提升。通过数据分析发现,品牌价值的创造与绩效之间具有非常显著的正向相关性,而且相关系数高达 0.97,由此说明特色农产品品牌价值的创造对农产品企业绩效有着不容小觑的影响。据此,本文得到以下启示:

(1)加强与顾客联系,共创特色农产品品牌价值。随着互联网的广泛应用和信息技术的快速发展,客户逐渐参与到新产品的研发、生产和营销环节中,与企业共同提升产品及服务的竞争力这种模式逐渐成为趋

势。特色农产品企业应在创新、生产、销售等各个环节同消费者建立联系，从而满足顾客深层次需求并使顾客参与到企业经营中。主动开展各类品牌共创活动，并采用多种手段激励消费者之间分享和传播品牌信息。同时，把顾客需求和认知等资源加入产品创新和生产中，通过企业与顾客的沟通与互动，实现顾客和特色农产品企业共同创造价值，并在持续满足顾客需求的同时不断提升特色农产品品牌资产。

（2）重视顾客认知，促进特色农产品品牌价值共创。目前，商业的核心不再是如何竞争，而是如何更好地与顾客进行合作。在确保特色农产品自身优势的前提下，要想扩展品牌价值的提升空间，就应该引导消费者通过情感价值共创建立品牌身份的认同的共鸣，提高顾客对于特色农产品的满意度及对企业的忠诚度。特色农产品企业在其品牌接触点的拓展管理上，突破原有的传统媒介思维，辨识出消费者的关键品牌接触点，在风险可控的范围内不断加大企业经营的开放力度，将企业内部经营管理的诸多环节纳入消费者的品牌接触之中，使得企业的内部管理和外部营销传播一样，加大对品牌和顾客沟通的投入，提高顾客对企业的价值认知，从而达到最终的品牌价值共创的目的，提高企业绩效。

（3）加大政府扶持力度。政府应该进一步完善特色农产品相关扶持政策，对特色农产品企业实行税收优惠政策，减轻企业的负担，使其有更多的优势推进特色农产品扩大产业规模与加强创新，开拓市场。政府要努力构建顾客、企业交流互动平台，降低企业与顾客沟通合作的成本，进一步推动特色农产品品牌价值共创及企业绩效的提升。

第三节　农产品区域品牌营销

农产品品牌是可以将农产品环境、文化、产品以及农产品形象统一的内部营销资源。农产品品牌就是农产品的名片、农产品的营销理念，是农产品针对目标顾客的外显性的资源，在农产品营销资源中具有重要地位，构建基于传统文化和区域文化相融合的农产品形象。英国的克莱纳和迪尔洛夫从企业文化的角度指出，文化是品牌之间最有力的连接。"终极品牌之所以能够经受住时间的考验，并不是因为广告的花费、良好的公关或不断的促销,而是因为根植于品牌之后的文化力量。对于许多终极品牌来说,企业文化已经与品牌紧密地联系在一起。"显然,单纯的品牌传播是乏力的,需要一定的农产品文化底蕴。打造能够市场化的产品,形成能够被顾客接受和购买的产品;探索适合农产品销售的营销模式,从现代营销理念视角销售产品;探索农产品区域品牌传播的策略,让农产品不仅"特优",而且更要"畅销"。

一、找出农产品区域品牌的营销痛点

(一)农产品品牌主体之痛

农产品品牌运营的主体是谁? 这个问题一直困扰着农产品经营领域和学术界。农产品品牌运营主体是指在农产品品牌营销过程中承担品牌运营、管理、监督等责任的组织或个人。对于工业品牌来说,品牌产权清晰,责任明确,品牌运营主体较为清楚。但对于农产品来说,由于经营分散、品类众多、管理难度高,需要清晰界定农产品品牌运营主体,才能有效促进农产品品牌营销。从研究层面来看,政府主体论者认为,农业企业不能完全通过市场机制运营区域品牌,"只有通过政府的引导才能完成区域品牌整合、规范企业行为,最终走向合作发展的路径"。多元主体论者认为:"农户、农业企业和农业专业协会作为农产品品牌化直接责任主体,承担农产品品牌建设与管理责任,政府、消费者和社会公众组织作为间接责任主体,是农产品品牌化重要补充力量。"从理论上被大多数研究所认可,政府作为政策制定者和产业规划者有责任引导产业发展,为农产品品牌运营提供良好的市场环境和政策环境,促进农产品区域品牌的发展。行业协会或合作组织对上承接政府行业管理职能,对下有运营品牌的能力和动力,承担品牌运营、策划、品牌保护和传播的责任。农业企业作为农产品企业品牌的主体,承担农产品基地建设、企业品牌属性打造、品牌形象传播和运营的责任。农户则按照农产品品牌质量要求规范生产,提供合格农产品获取种植收益,作为消费者和社会公众承担市场监督和舆论监督责任。但从实际运营来看,由于各地区市场环境、经济发展水平不同,政府所起的作用不同,农产品品牌运营主体各有不同。在农产品品牌运营初期,政府在产业规划、政策扶持、资金扶持方面打造品牌具有重要价值,但在进一步运营过程中,如果不积极培育行业协会或农产品合作组织,政府在品牌运营、品牌传播以及行业利益分配方面深陷其中,难以做好市场裁判的作用,这将成为今后农产品品牌运营的痛点。

(二)产品整体之痛

营销大师菲利普·科特勒认为,产品不仅仅是产品本身,包括产品实体和服务。农产品是不是产品?这个本应该在农产品市场销售时已经解决的问题,在今天依然是一个问题。相对于市场上销售的众多产品,农产品还停留在地产销售、产品包装的层次上,如何将农产品分类,如何按照市场标准生产,如何按照顾客需求定制等,换句话说就是如何将农产品作为一个现代的产品在市场上销售并进行规划的营销运作,而不仅仅是作为区域特产。虽然基于长期历史文化原因或区域地理因素,部分特产在区域内或国内具有一定的知名度,但这离市场运营的畅销单品还有一定的距离。一些特色农产品深加工不够,长期只能卖资源。从营销角度来看,这些特色农产品特色过度,受众过小;或者受气候条件或地理条件的制约产品范围小、生产量有限等,这恰恰是众多农产品销售的制约条件。娄向鹏在《大特产—让地方特产卖遍全国》一书中提出特产想做大,产品要"四化",即口味普适化、形态快消化、传播时尚化、价值健康化。因此,挖掘农产品的营销卖点,打造市场需要的产品并成为市场畅销产品是重中之重,这也是当前农产品销售的痛点所在。

(三)农产品市场细分之痛

伴随着现代市场竞争,市场营销经历了以企业为中心的时代、以顾客为中心的现代营销时代,发展到今天的营销 3.0 时代,消费者更多地参与到产品营销过程中,价值共创已成为市场营销的趋势。但对于众多农产品来说还没有同步进入新的时代,众多农产品还是立足于追求产品特色和顾客利益至上,产品品种较为单一,市场表现为同质化竞争,各种替代品和模仿品不断出现。农产品通过什么方式塑造品牌形象、满足消费者的心理需要等还做得远远不够,尤其是农产品市场细分和市场定位工作还没有深入推进,如何发现新的细分市场、如何满足潜在顾客的需求、如何找到属于农产品的市场位置和满足消费者的心理诉求等工作还需要更为深入的探索。

（四）服务供应链之痛

农产品营销不仅取决于农产品本身、品牌形象，支持农产品销售的服务供应链也是农产品销售的关键环节。农产品服务供应链连接农产品生产、运输、销售的上下游网络。在互联网信息技术的急速发展和经济全球化的背景下，农产品服务供应链的发展与农产品营销相互作用、相互交错，最后融合成供应链一体化组织模式。但在当前农产品营销过程中，服务供应链还停留在单打独斗的局面中，信息共享、网络组织、组织协同还没有形成，成为农产品销售的短板。

二、积极探索农产品区域品牌营销模式

积极培育农产品区域品牌市场运营主体，打造出一个传承区域文化特色、个性鲜明的农产品品牌，获取市场营销优势具有重要意义。为此，应从以下几个方面着手：

（一）积极培育农产品区域品牌市场运营主体

农产品是典型的二元结构的产品，一方面基于地理、自然条件和气候特点，农产品只能在特定区域内生产，成为"特产"，经营主体分散、多样，具有公用型特点；另一方面与一般产品相同，在市场中运营的农产品由各经营主体提供，具有差异性特征。这种"公地"特征决定了政府在农产品经营和品牌建设中发挥重要作用。同时，市场特性决定了各参与主体的私有属性，积极培育农产品区域品牌市场运营主体对农产品区域品牌的长期发展具有重要意义。首先，积极发挥政府在区域品牌的导向作用。促进政府在产业规划、区域品牌扶持、区域品牌申报、区域农产品产地认证、区域农产品质量标准体系保障、农产品检测体系建设等方面发挥作用，以有效规范和建立良好的市场秩序，积极保障市场主体发挥作用。其次，积极促进行业协会和农业合作组织在农产品区域品牌建设中的市场主体作用，推动市场主体在品牌建设、市场策划、品牌保护等方面发挥作用。最后，构建以企业品牌为中心的农产品品牌体系。农产品品牌的竞争力建立在区域品牌和企业品牌上，着力培育区域品牌和企业品牌成为当务之急。在农产品产业规划中，发展方向是壮大产业规模、提高产业科技含量与附加值、优化产业结构，促进产业生态化和可持续发展。积极培育区域内龙头企业，打造具有市场竞争力的企业品牌，形成

具有竞争优势的农产品品牌。

（二）明确农产品的品牌定位

农产品品牌是农产品区域整体品牌，代表着区域整体形象，具有层次性。农产品品牌体系定位，决定了农产品的发展方向，要从农产品的地理区位、历史文脉、资源禀赋以及品牌背后的价值观等诸多方面去发掘培育，这样才能培育出农产品个性。农产品品牌体系定位包括。

（1）农产品空间定位。涉及农产品发展的地理区位、资源禀赋等方面。

（2）农产品文化与精神定位。涉及品牌背后独特的历史与文化。

（3）农产品功能与属性定位。涉及产品与品牌差异。

在农产品品牌体系定位中，农产品功能与属性定位是核心，文化与精神定位是农产品定位的灵魂，空间定位是品牌拓展的方向。首先，根据农产品规划以及农产品品牌营销的现状，在农产品品牌传播中应围绕总体品牌来定位农产品品牌体系，挖掘黄河文化、贺兰山文化与区域文化的关系和营销资源，进行品牌塑造。其次，积极探索特色农产品私人定制的品牌定位。对于贺兰山葡萄酒、中宁枸杞等特色农产品来说，面对细分的小众客户，积极探索营销渠道，走私人订制的营销模式也是符合品牌属性和产品功能特点的营销路径。

（三）完善传统营销渠道，强化线下营销优势

传统的农产品是通过批发市场、超市等渠道进行销售，主要以走量取胜。伴随着农产品区域品牌的不断建设，农产品品牌首先是完善传统营销渠道，强化线下营销优势：第一，以某一品类的农产品为主打销售品种，完善营销渠道，实现农产品销量的提升。第二，建立特色农产品专卖店，通过区域品牌和企业品牌实现高品质农产品品类的销售。第三，在重点中心城市建立连锁店，通过店面形象展示推广品牌。第四，利用会展、博览会等方式设展台推广农产品。以上这些方式，许多农产品都在积极探索，其核心在于农产品营销渠道的完善和经营。

（四）积极探索网络营销模式

网络营销是当前许多农产品都在尝试的营销模式。根据当前许多农产品成功的经验，农产品区域品牌的网络营销模式应从以下几个方面

着手:第一,积极探索 O2O 模式,借鉴褚橙的销售经验,打造线上展示和销售、线下体验方式,有效融合线上线下销售渠道。第二,联合大电商运营平台,打造区域大电商模式。通过阿里巴巴、京东商城、拼多多商城等电商平台,借鉴成功经验,以整个县域中心城市为推广平台,打造区域大电商模式。

三、三门峡苹果品牌文化塑造

(一)三门峡苹果发展情况简介

2020 年河南省苹果种植面积共 117.65 千公顷,产量达 407.57 万吨。而三门峡市苹果种植面积 46.97 千公顷,产量 201.49 万吨,分别占全省总种植面积、总产量的 39.92% 和 49.47%,苹果产业各项指标均为河南省第一。

1.三门峡苹果种植历史悠久,品种优良

三门峡市位于河南省西部,是黄土高原区域优势苹果主产区之一,苹果种植开始于 1921 年,发展于 1956 年,20 世纪 80 年代开始飞速发展,苹果种植面积从 1952 年的小范围不成规模,到 2019 年种植面积达 46.65 千公顷,苹果产量从 1952 年的 0.021 万吨到 2019 年 196.90 万吨,总产值高达 681058 万元。苹果种植多集中于灵宝市、陕州区和城乡一体化示范区。灵宝市 2019 年苹果产量 119.37 万吨,产值 466649 万元;陕州区苹果产量 40.96 万吨,产值 159240 万元。三门峡市苹果种植区域分为 800m 以上、600～800m 和 300～600m 高、中、低 3 种海拔产区。2020 年三门峡苹果产量已达到 201.5 万吨,苹果产量逐年提升。

三门峡市苹果品种丰富,在品种结构中,富士系品种种植面积最大,占 67%,嘎啦系占 7.98%、红星系占 5.78%、其他品种面积共占 19.24%。种植品种中,早中熟比重小,晚熟的比重大。丰富的品种结构也在一定程度上有利于满足消费者不同偏好,但是早中熟苹果比重小,也容易导致前期苹果市场供不应求,后期苹果产量大,销售难等问题。

2.产销体系完善,交通便利

三门峡市苹果种植历史悠久,规模大,苹果产量高,为避免销售难问题出现,三门峡市政府牵头搭建联销平台,组建"特色农产品销售企业大联盟"平台,对内推行内循环分享经济、对外推行大循环共享经济;搭建消费助销平台,开展"农超、农社、农企对接"产销活动,在大型商超、集贸市场设立产品销售专柜,丰富产品销售形式;搭建节会展销平台,在各省市高规格节会活动中,组织苹果生产经营企业,参加产品推介展览展销,开拓高端市场;搭建电商营销平台,促进苹果在全省乃至全国市场的销售。除此之外,多个苹果种植企业还通过品牌专卖、加盟、原料供给、与大型商超达成长期供货合作以及与一些企业合作进行团购、企业福利等渠道形成固定的产销体系,三门峡市位于豫陕晋三省交界处,交通十分便利。陇海铁路、连霍高速公路、310国道、郑(州)西(安)高铁横贯东西,209国道、三(门峡)淅(川)高速公路和浩吉铁路互通南北,是连接豫陕晋三省的枢纽城市;"一带一路"、中欧班列更是将三门峡与国外相连接,为三门峡苹果销往国内外各地提供了便利。

(二)三门峡苹果品牌文化塑造途径

1.有效利用优良产品特质进行物质文化塑造

三门峡苹果品牌文化塑造行为多集中在物质文化塑造上,尤其是利用当地优良的产品特质来进行物质文化塑造。不论是"灵宝""寺河山"区域品牌还是以"二仙坡""世苹"等为代表的企业品牌在物质文化方面的塑造行为都较多,三门峡市先后创建注册了"灵宝""寺河山""二仙坡""岭宝""世苹"等30余个苹果品牌,全市有14家国家、省、市重点果品龙头企业,且"灵宝""寺河山""二仙坡"品牌在国内市场有较大的影响力。

在品牌物质文化的产品特质方面,三门峡苹果品牌都有涉及。在产品品质上,三门峡苹果有较高的品质。三门峡昼夜温差大,光照充足,雨量适中,是优质苹果的最佳适生区。尤其是800m以上高海拔的优质苹果产区森林植被覆盖率高,富含负氧离子,水质好,空气清新无污染,果园土壤富含硒、锌、铁、锰、铝、镁等有益微量元素,具有生产高档水果的天然条件。这些天然种植环境为其产品的高品质奠定了基础。早在2006年灵宝市就被农业农村部表彰为苹果优势区示范县,三门峡市也被世界粮农组织、农业农村部确定为苹果优势产业带和最佳适生区。灵宝市、陕县被评为国家级出口水果质量安全示范区。2013年以来,灵宝市、陕县共有400.00hm 苹果生产基地通过了GAP认证,并先后通过加拿大、智利和美国官方注册认证,打开了河南省苹果出口国际高端市场的新局面。官方的认定是三门峡苹果品质高的最好证明。优良的种植环境和官方对三门峡苹果产地的认定,三门峡各苹果品牌在文化塑造和产品宣传中都有介绍。各苹果品牌还有便于识别的品牌商标或者标识,包装上也简单地设计有图案和文字等,可以对产品或品牌加以介绍的内容,包装也分为两种到五种不同颜色。但是存在各品牌的宣传内容高度雷同,包装设计单调、缺乏特色等问题。

而品牌物质文化中的识别元素的符合集合,如品牌 logo、产品视觉效果等视觉内容;线下专卖店里播放的宣传片和音乐等听觉内容;产品和包装的材料、质地等可触觉内容;店里是否有异味等嗅觉内容等只有在"二仙坡"和"灵宝""寺河山"区域品牌下的"岭宝""世苹"这些较大苹果品牌上才能着重体现出来,较少有小品牌在识别元素符号集合方面进行品牌物质文化塑造。

2.行为文化塑造仍然依赖传统途径

三门峡市目前苹果品牌行为文化有围绕产品开展的活动,也有围绕传播渠道开展的活动,但是主要还是依赖传统的途径进行行为文化塑造。三门峡目前形成了以官道口—寺河山—二仙坡黄金苹果生产带;二仙坡绿色果业、寺河山优质水果生产基地;二仙坡绿色果业有限公司、高山天然果品等为龙头的精品苹果产销企业群,强有力地带动着当地苹果产业的优质高效发展。

(1)围绕产品开展的品牌行为文化:三门峡政府采取"走出去"和"引进来"相结合的方法,进行当地苹果品牌产品行为文化塑造。首先,通过参加各种节会展销,如东盟博览会、农洽会、农交会等苹果推介会,让三门峡苹果"走出去"。其次,举办中国苹果花节、三门峡苹果现场秋收直播、黄河金三角金城果会、三门峡黄河文化旅游节、农民丰收节活动等各种苹果文化节,吸引消费者和苹果相关企业人员到三门峡实地考察,将更多的项目、资金、技术、经销商等"引进来"。

而对于一些发展较好的龙头企业,例如"二仙坡",由于其在农产品品牌建设方面的龙头模范作用明显,引起了省政府官方的重视。2018年河南省委调研室形成省委内参,省委官方签发到省内各县市,推荐河南省各地农业企业政府工作人员去参观、考察学习,对其品牌的宣传也形成了一定的助推。各级政府利用其自身公信力和资源优势对三门峡苹果品牌进行的推广都属于围绕产品开展的品牌行为文化。且由于是政府举办或者牵头举办的活动,在信息接收者看来可信度更高、质量更有保障,能在短时间内达到促进三门峡苹果销售和提高区域品牌知名度和可信度的效果。

三门峡企业通过参加各种展销会、博览会、果业交流会,通过直播、小视频带货和线下线上方式销售产品、进行退换货服务以及根据市场和自身情况开展的促销、慈善捐款等行为,都进行品牌行为文化塑造。

(2)围绕传播渠道开展的品牌行为文化:三门峡苹果品牌围绕传播渠道开展的行为文化主要包括政府主导和企业自主进行。可以细分为平面、广播、电视传播的传统传播方式和近些年新兴的电商、社交平台等新媒体传播方式。三门峡苹果品牌文化传播的内容可以分为区域品牌内容的传播和企业品牌文化的传播。不论是区域品牌传播还是企业品牌传播都包括当地适宜的苹果种植环境、种植历史、产品、产品包装等内容。但二者不同之处在于区域品牌传播的内容更侧重于分析整个地区产品的共性,例如:统一的包装、标志,统一的生产技术要求等区域共性。而企业品牌文化传播的内容侧重于宣传本品牌产品区别于其他产品的独特之处。

政府围绕传播渠道开展的行为文化主要是政府牵头电视台、报纸报道、在高铁站、高速路口张贴平面广告等多种传统传播渠道,大大促进了三门峡苹果销售。例如:灵宝市政府在央视1套、13套黄金时段和北京西站、郑州东站及两湖两广地区等全国210个车站的2866个显示屏宣传苹果品牌。学习强国、人民网等主流媒体宣传报道三门峡市苹果1130次,宣传三门峡苹果品牌文化,大大提高了三门峡苹果在全国的知名度。2020年,政府牵头组织举办参加了东盟博览会、农洽会、农交会以及第26届三门峡黄河文化旅游节、农民丰收节"六会双节"等活动。政府还组织灵宝蒲剧团演职人员,立足灵宝传统文化,运用传统戏剧艺术,创作以宣传灵宝苹果为目的的原创现代蒲剧《李工生》,演绎李工生排除万难把苹果引进灵宝大地、开花结果的故事。近年来,还通过建设寺河山苹果小镇和灵宝苹果展览馆,吸引消费者参观游览,增加当地苹果品牌知名度。

　　企业根据市场及自身情况,灵活采用多种渠道开展品牌行为文化活动。三门峡苹果企业自主进行的苹果品牌文化传播渠道主要是发放品牌宣传单页、在直营店播放宣传片、做电梯广告、荧屏广告等传统传播渠道利用品牌官网、微信公众号、今日头条、快手、抖音等新媒体宣传品牌和产品相关信息。企业同时选择多种传播渠道进行品牌文化传播,有利于品牌被不同群体熟知,有利于提高品牌文化知名度和美誉度。以"二仙坡"品牌为例,二仙坡就曾同时在洛阳、郑州等城市做电梯广告、通过增开直营店的传统传播渠道和在今日头条上做广告,在抖音、快手拍视频、做直播的新媒体渠道相结合。但由于在今日头条做广告,费用大短期内效果有限,考虑到企业资金情况便暂时放弃了。但是其品牌经理说,在今日头条做广告能起到加深品牌印象的效果,坚持长期做效果应该会更好,等企业资金充足时还会考虑继续在今日头条投放广告。而线下直营店销售量大,能占总销售额的 30% 且能很好地宣传自己的品牌,是目前效果最明显的方式,便启动"百城万店"计划,不断增开线下直营店,以达到品牌宣传和产品销售的目的。在不同时期把重点放在不同的渠道,使多种传播渠道优势互补,就是三门峡苹果企业品牌的行为文化特点。但是由于受到资金、成本、获得收益快慢等因素的影响,三门峡苹果企业品牌的部分行为文化塑造行为变换过快,导致某些需要长期投入才能产生较大效果的渠道上前期投入的人、财、物资源浪费,在一定程度增加企业成本。

　　品牌精神文化是品牌的核心和灵魂,进行品牌文化塑造,首先要明确品牌的价值和情感内涵。只有这样,品牌文化塑造才有明确的目标,品牌精神文化核心明确后,品牌物质文化和品牌行为文化就有了参照系,可以更快更好的达到品牌文化塑造的目的。但是根据调查分析发现,目前三门峡苹果品牌文化塑造的现状却是很少有品牌有明确的价值内涵和情感内涵,也未围绕品牌精神文化开展太多工作,反而是先在品牌物质文化和行为文化方面进行品牌文化塑造,取得了一定的效果。但是,三门峡苹果品牌文化塑造中还存在很多问题。

第四节　基于区块链＋物联网的果蔬农产品供应链追溯体系

现行的果蔬农产品质量安全监管体系不仅效率低下,而且无法满足消费者对食品质量安全信息的追溯需求。要想真正解决果蔬农产品的监管问题,必须借鉴现代信息技术实施可追溯体系,加强农产品全供应链的安全监管,确保果蔬农产品的供应链从下游到上游实现信息的公开透明,实现供应链的正向追踪和逆向追溯,并快速地完成供应链的逆向问责。基于物联网的可追溯体系,虽然实现了通过物联网设备实现了智能化管控,解决了农产品供应链中的质量安全问题,但是追溯的信息存在不可靠的问题,数据有被篡改的可能,不能真正解决信息不对称,且追溯信息往往是单个企业行为,即使供应链其他企业也实施了追溯,追溯信息也很难实现企业之间的共享,导致政府监管依然难度比较大,效率很难得到较大的提升。因此,只有物联网技术不足以解决监管中出现的问题,必须还要借助区块链技术。区块链技术正是一种汇集去中心化、信息无法篡改及底层开放等特性于一身的监管利器。运用物联网和区块链技术可以使信息完全公开透明,不仅能消除生产者和消费者信息的不对称性,加强政府相关部门对农产品信息监管,还可以剔除假冒伪劣商品净化市场,并不断发展与完善我国果蔬农产品安全的监管体系。

一、区块链＋物联网的供应链优势

区块链是一种按时间顺序组合分散数据块的链式数据结构,其数据公开透明,并以密码学算法保证数据不可篡改、不可伪造的多节点去中心化的分布式账本。区块链技术是用去中心化的分散的节点采用共识机制生成数据、更新数据,并用链式数据结构存储;使用非对称的加密技术来实现数据加密保证数据安全;区块链使用智能合约使其数据操作的整个过程透明、实现数据的添加,从而保证了数据的可追溯。

从区块链技术的特征可知,区块链技术在安全可靠、数据公开透明以及数据不可篡改等方面具备较大优势。首先,区块链技术具有去中心化特征,大大减轻了中心计算的压力,降低了系统运营维护的成本,同时与中心化的存储结构相比更加安全,并且区块链内每个节点都是均等的权利与义务,节点之间可以数据共享,从而促进系统整体效率的提高;其次,区块链技术具有开放性,系统是开源的,有利于更多经济主体对其进行创新,并且整个系统的数据也是公开透明的,有利于多方监督的实行;最后,区块链的数据一旦上链便不可篡改,上链的数据更加真实、传输访问数据更加安全,进而可以大大加强系统的公信力。

二、区块链＋物联网环境下的果蔬农产品供应链追溯体系解决了监管问题

（一）破解了供应链中的监管难题并提高了监管效率

在供应链的整个过程中,物联网设备会实时采集参数并传送,通过区块链技术进行存储。在种植阶段物联网设备可以收集空气、土壤、化肥、农药残留量等参数;在加工环节,物联网设备会通过检测果蔬农产品的细菌数量了解来自设备和环境、腐烂对果蔬农产品的污染程度,同时,物联网设备还会检测添加剂的用量及非法添加剂的有无;在储运环节,物联网会检测储运设备里的空气中氧气和二氧化碳的含量比,如果发现比例下降就会开启通风,同时还会检测乙烯的浓度,发现浓度过高时也会开启通风降低乙烯的浓度,并检测保鲜剂的残留量以及细菌数量,检测有无超标;在销售环节,物联网设备会检测果蔬农产品的细菌及保鲜剂的量,及时上传。在整个环节中,物联网设备通过检测的参数,上传至区块链存储,发现问题会立即报警通知各个参与主体,并及时采取相应的措施。如果各个参与主体不及时采取措施,参数就会一直被记录,会被下一个参与主体发现,退回农产品,或者被消费者查询后投诉、政府监管部门看到实现监管追责。因此,对于果蔬农产品在整个供应链过程中出现的质量安全监管难的问题从而得到了解决,政府、企业以及消费者都可以通过平台查询数据对其进行监管,有效避免了监管过程中难题。不仅如此,还提高了监管的效率,实现了多方监管。

（二）破解了信息不对称的问题

信息不对称使得消费者无法得知农产品的基本信息,大大降低了对农产品的认可,在相同环境下消费者甚至会选择价格相对较低的劣质产

品,长此以往,不利于现代农业的发展。要保证果蔬农产品质量安全,必须从根本上解决信息不对称的问题。目前,解决信息不对称的主要办法依然是建立食品溯源体系。这就要求食品溯源体系采集的数据要可靠,存储的数据要安全。

首先,物联网技术可以实现数据与果蔬农产品的一一对应,相当于每一个果蔬农产品对应一个独特的"身份证",这就为防伪溯源起到了关键的作用。其次,通过物联网设备可以采集农产品的各种数据信息,且数据都是采集到的原始数据,避免了人工参与录入可能出现的任何问题。要想使得数据可靠存储安全,仅物联网还不够,还需要区块链技术的支撑。区块链技术具有去中心化、去信任化、开放性、不可篡改等特点,区块链的数据签名和加密技术让全链路信息实现了防篡改,解决了交易过程中信息安全的问题,从而真正解决信息不对称问题。

三、基于区块链＋物联网的果蔬农产品供应链追溯体系的构建

我国果蔬农产品安全追溯体系虽然在不断发展进步,但是依旧无法满足消费者渴望的果蔬农产品的质量安全需求。目前,我国果蔬农产品质量安全追溯体系主要存在的问题是:追溯的信息不全且数据无法判定是否是原始数据;供应链的各参与主体追溯体系产生的数据无法整合,导致各个参与主体之间的信息无法互通共享,消费者无法实现信息的完全对称和追溯。同时,监管部门实施监管时效率低下,甚至供应链各参与主体之间因出现质量问题容易产生纠纷。而基于区块链技术的果蔬农产品供应链追溯体系数据的采集、上传都是机器,没有人工的干预,且采用密码算法保证传输,数据安全可靠;采用分布式存储,节点之间可以共享信息,同时不仅能实现果蔬农产品的正向跟踪还能实现逆向追溯,消费者可以对果蔬农产品的整个供应链的各个环节进行查询,监管部门也可以非常方便地进行逆向追责,从根本上解决食品安全问题。下面从三个方面阐述一下基于区块链＋物联网的果蔬农产品供应链追溯体系的构建:

（一）基于区块链＋物联网的果蔬农产品供应链追溯体系的架构

基于区块链＋物联网技术构建的果蔬农产品供应链可追溯体系架

构,以物联网为基础,植入区块链技术,叠加农产品质量安全溯源体系的运作规则,主要包括物理层、数据层、核心层、应用层。

1. 物理层

物理层是整个追溯体系的最底层,以物联网为基础,通过物联网设备和技术(各种传感器、状态检测器、GPS 定位装置、智能设备、RFID、二维码等)对果蔬农产品的种植、加工、仓储运输及销售过程进行数字传输与管理,实现包括果蔬农产品种植水分、农药残留量、种植基地环境参数、果蔬农产品运输状态、果蔬农产品运输环境检测等果蔬农产品具体信息自动化采集,实现采集的数据都是原始数据,确保溯源信息的准确与完整。

2. 数据层

数据被上传后由有记账权的节点写入区块并进行封装,同时区块链为每个果蔬农产品自动生成一个时间戳的数字签名。按照多签名复杂网络设置,接入管理类机制,采用分布式组网机制使数据分布在不同阶段的数据库,实现了数据的完整性和分布式存储。这些数据完整地记录了果蔬农产品的全过程信息,保证了果蔬农产品从农田到消费者整个过程的正向追踪和逆向溯源。同时,数据层也实现了数据在消费者、果蔬农产品供应链相关企业、监管机构之间的信息共享,提高了信息传递的效率,有效地规避了"信息孤岛"。

3. 核心层

将果蔬农产品质量安全的法律法规、行业标准、管理办法等内容,以智能合约的形式嵌入到区块链中,上传数据必须符合合约规定,否则数据将不能上链,从而实现了果蔬农产品的监管标准化、智能化,提高了监管的效率。此外,政府监管部门、供应链上的相关企业采用联盟链,引入共识机制,仅被授权的指定节点才可以进行访问,以实现对新加入企业节点的资质审核。

4. 应用层

采用 Browser/Server 技术架构,通过电脑或者手机终端,监管部门、消费者、果蔬农产品供应链上全部企业以及体验用户进行查询和追溯服务。

（二）基于区块链＋物联网的果蔬农产品供应链追溯体系的管理角色

果蔬农产品质量安全溯源体系管理人员主要分为三类，也就是提供了三类身份入口：第一类是整个果蔬农产品供应链参与的主体，包括生产企业、加工企业、仓储运输企业、销售企业；第二类是政府的监管机构；第三类是消费者，包括购买过果蔬农产品的个人、企业以及有购买意愿的个人。当然也可以结合企业自身特点再加上体验用户，方便企业加入可追溯体系，也方便个人了解可追溯体系。

（三）基于区块链＋物联网的果蔬农产品供应链可追溯体系的运作流程

1. 种植信息的采集

通过在农田里部署传感器等农业物联网设备，采集包括种植单位、种苗质量、种植时间、种植地点、种植环境、化学投入品使用、采收时间等农业原始生产数据。采集到农业种植的相关数据后，通过上链系统，区块链会根据生产地点和生产时间等相关信息，自动生成一个溯源码，加密并上传到区块链云平台。溯源码号与数字签名相连，共同封存在区块链中，区块链为每个果蔬农产品生成产果蔬农产品信息记录，并附以时间戳。

2. 加工信息的采集

在果蔬农产品加工成新产品的过程中，果蔬农产品信息记录会随着供应链生产进行不断更新和完善，产品进入加工环节后，物联网通过设备采集加工单位、加工环境、添加剂的使用、包装材料、包装设备、保质期等信息，再进行转换格式，随后通过上链系统存储于区块链中，最后更新果蔬农产品信息记录的数据，并加以数字签名，果蔬农产品信息记录会进入一个全局区块链里，由此表明新产品的诞生。

3. 储运信息的采集

加工完成后的新产品要被运送到批发商、经销商、分销商、零售商，在这一过程中需要进行仓储和运输，仓储和运输过程中，根据各种传感器探测温度、湿度、保鲜剂的残留以及运输路线等信息再上传并更新果蔬农产品信息记录。

4. 销售信息的采集

果蔬农产品进入销售阶段后，销售企业必须明确产品来源，然后放入预定的仓库中,同时将产品价格、销售单位、仓储时间、仓储环境等信息写入果蔬农产品信息记录,最后售卖时还应上传出售时间,保证区块链中数据的完整性和连贯性。消费者可以通过手机扫描产品外包装的二维码,也可以到相应的网站来获取产品从生产、加工、仓储运输到销售的全过程信息。

种植信息、加工信息、储运信息和销售信息在区块链技术下相互连通,组成了一个全产业链的完整数据信息,通过存储上链系统记录到被授权的节点上,以此保证了追溯全过程的信息完整,保障了逆向追溯的有效畅通。

四、基于区块链＋物联网的果蔬农产品供应链追溯体系的作用、功能及优势

由于单纯靠物联网技术得到的追溯系统,各个数据都是相互独立的,植入了区块链技术后使得信息不再是孤立的,而是相互共享的,各个监管主体可以通过简单的查询功能便可以实现监管,从而使得监管的难度大大降低。

(一)基于区块链＋物联网的果蔬农产品供应链追溯体系的作用

1. 有助于提升果蔬农产品供应链的管理效率

区块链技术记录了整个供应链中各个环节的果蔬农产品的所有信息,由于产业链中的各参与主体都能查看数据,可以针对性地发现供应链系统运行中出现的问题,并及时解决,有效地帮助了企业的经营管理从而提高了供应链的整体效率。

2. 有助于厘清果蔬农产品供应链各参与主体之间的责任边界

所具有的数据都是基于物联网设备采集,数据真实可靠,采集的数据一旦上链便不可篡改,对于供应链中各参与主体之间的责任可以界定明确,同时可以轻松实现举证与追责,有效地避免了各种纠纷,提高了参与主体的协同能力。

3. 有助于提高果蔬农产品的防伪溯源能力

在果蔬农产品生产与流通过程中,消费者基本上对生产者使用的化学投入品使用量以及运输、加工过程中使用的添加剂等信息一无所知,从而导致消费者对生产者的信任度大大降低。而基于区块链＋物联网

的果蔬农产品供应链追溯体系,数据一旦上链便不能篡改,且区块链上的所有数据皆可通过链式结构追溯其本源,可轻松地实现逆向追溯并追责,有效地保障了果蔬农产品的质量安全。同时也有助于产品的防伪,可根除果蔬农产品供应的假冒伪劣问题,保护自己的果蔬农产品品牌。

4.有助于提升农业生产经营者信用拓宽融资渠道

在果蔬农产品供应链中,中小企业融资难、成本高,由于银行出于风控的考虑,银行仅愿意对供应链上游的大企业供应商提供保理业务,这就导致了有巨大融资需求的下游中小供应商的需求得不到满足,而区块链技术数据公开透明、不可篡改的属性,为去中心化的信任机制提供了可能,从而为中小企业的融资提供了更大的机会。

5.有助于品牌的提升

在当前的环境下,消费者对果蔬农产品质量安全的要求越来越高,可追溯体系不仅能够保障果蔬农产品的质量安全,也能增强企业的竞争力,有助于企业品牌的提升,同时还能提高企业品牌的价值。

(二)基于区块链+物联网的果蔬农产品供应链追溯体系的功能

基于区块链+物联网的果蔬农产品供应链追溯体系可以实现对果蔬农产品整个供应链过程中的数据查询功能。对于消费者而言,他们可以登录网站或者扫描二维码快速而全面地获取果蔬农产品的产品信息,如产地、质量、真伪、成分、配送周转等,可以了解果蔬农产品是否符合标准,是否安全。而对于生产企业、加工企业、储运企业、销售企业而言,可以利用这些数据更好地管理供应链,并提升产品的品质;同时还可以实现产品的防伪。例如:如果消费者向企业提供了出现质量问题的果蔬农产品的标签信息,质检员就可以根据产品包装上的标签到系统上查询到种植地点、种植时间、采摘时间、所处环境的温湿度等信息展开逆向追溯,找出问题产生的原因。首先,判断果蔬农产品是否是自己的企业生产的,是否是假的,如果不是,然后,再通过系统迅速监测整个产业链的运作情况,找到问题产生的根本原因,及时解决果蔬农产品在供应链各个环节中引发质量安全的具体问题并消除有可能产生的安全隐患。此外,这套平台系统还可以利用区块链和温湿度标签,通过网关和管理中心持续记录来自GPS和温湿度传感器对果蔬农产品的配送车和所处仓储环境的温湿度的实时追踪,实现智能化管控,大大减少了仓储、运输过程中可能引发的果蔬农产品的质量安全问题。可以实现监管功能,对于政府而言,可以通过追溯体系查询果蔬农产品供应链主体生产过程中的具体数据,通过数据和预警系统来判断企业有无食品质量安全问题,如果有质量安全问题,监管部门可以快速锁定是哪个环节,并确定企业实施追责。对于消费者和企业来说,具有举报功能来实现监管。同时,监管部门也可以通过消费者或者企业的举报来查询处理事件,并回复给消费者或者企业。

(三)基于区块链＋物联网的果蔬农产品供应链追溯体系的优势

基于区块链＋物联网的果蔬农产品供应链追溯体系因为植入了区块链技术,从而比传统可追溯体系具有了很大的优势。

(1)区块链模式下果蔬农产品追溯系统节约数据存储的成本并能提高其运行效率。中心化的体系结构设备的管理和维护费用相对高昂,尤其随着数据量的不断增加,中央服务器的压力将越来越大,甚至导致不堪重负。而区块链模式下,可以实现点对点直接互联的方式的传输数据,因此,去中心化的区块链可以同步处理大量点对点的交互,不必依赖中心系统,效率更高。

(2)基于区块链的果蔬农产品追溯系统提供了多个角色权限管理,消费者、监管部门、相关企业都可以查询相关的数据,提高了监管的效率和监管的强度。

(3)区块链技术保证了数据的真实有效可靠,提高了果蔬农产品的溯源能力,更有效地保护了产品品牌,同时凭借区块链技术可以实现数据的交易与买卖,增加区块链参与主体的收入,并有助于提升信用,拓宽企业融资渠道。

(4)区块链技术把整个产业链的数据连接起来,实现了数据的透明,又通过加密算法保护了供应链中各参与主体的隐私。

第六章 生鲜电商平台商业模式促进农业产业发展

第一节 生鲜电商模式与发展研究

一、生鲜电商商业模式

（一）生鲜电商1.0：基于B2C的垂直型生鲜电商

王子建（2018年）认为在生鲜电商1.0时代，网上卖菜是生鲜电商的主要运营模式，其试图以云联网的形式改变中国居民去菜市场买菜的习惯，但实际上其农产品物流成本和损耗成本依旧不低。和菜市场相比，生鲜电商在价格成本、购买便利性、产品新鲜度等方面都完全不占优势。因此，云联网卖菜这一模式在2010年几乎全部停止。而作为1.0时代基础的B2C模式，张传杰、李圆颖（2015年）认为以此模式为主的企业，它们的供应链模式也有差异，主要有4种模式：第一种称为生产外包模式，顾名思义，采用该模式的企业，它们的生产环节是外包的，但是物流和电子商务的平台这两部分却是自己经营的。它们的整个商品流程是，先直接从生产商（比如农产品的生产基地或者私人自主经营的农场）处购买生鲜产品，比如蔬菜、水果等；然后借助企业自营的物流渠道，将产品送到对应工厂或者基地进行加工和包装；最后，企业安排的送货团队将最终产品送至顾客指定地点。不同于第一种的自营物流，第二种模式则是对生产和物流两个环节都采用了外包的模式，但是对电子商务平台的运营和维护却由企业自己负责，因此被称为单一的平台模式。在前两种模式的基础上，第三种模式有所创新，它将企业的经营范围拓宽到包括生产、供应、销售等各环节，因此被称为纵向一体化模式。采取第三种供应链模式的企业，它们有一支负责产品全过程的专业化团队。对于这支专业化、标准化的队伍来说，产品从采购、加工到销售的整个环节，他们都需要参与并监督，促使公司能够形成一体化的供应链，让种植、加工、配送、销售等各个环节都能高效运行。并且考虑到缩短配送时间的目的,可以采用电子菜箱的模式,节约时间,保障新鲜。第四种模式则是一种相对全面化的模式,因为采取该模式的企业,既从事生鲜产品的线上交易,同时也有自己的实体店面;并且和前几种不同的是,该模式不采取送货上门的形式,而是先把产品送往实体店,由消费者自行领取。

基于 B2C 模式形成的垂直型的生鲜电商最主要的优势是它能够为顾客提供安全的、优质的食品。张力(2019 年)认为这一优势不仅仅是该模式和线下超市等的主要区别,更是食品安全事件频发的结果。同时,这一商业模式可以从价值主张、供应链和盈利模式这三部分来入手构建。

(二)生鲜电商 2.0:线上线下协同

生鲜电商的 2.0 时代开始走定制化路线,面向高购买力的群体,比如城市企业家、白领等。该时代的生鲜电商企业主要通过独具特色的物流配送服务来提高用户黏性;也就是企业通过提高品质和增强特色等方式来让这个时代的重点群体多次购买。2.0 时代的生鲜电商是销售生鲜产品(涵盖蔬菜、水果、肉类等)的专业性的电商形式,并且基于有机生态的影响,这样的电商形式可以在 2.0 时代快速发展。随着消费者需求的升级与市场的发展,王宇能(2019 年)认为"O2O+LBS"模型成为中国新零售 O2O 生鲜电商的末端配送的效率保障。这一模型可根据用户需求,结合互联网技术提供从用户定位、购物流程、采购模式到供应链物流和频道推广等方面的支持,为消费者提供精准与差异化的服务。

生鲜电商 2.0 时代的 O2O 商业模式其实是时代与机遇的共同选择。葛继红、王文昊、汤颖梅(2018 年)认为这是一种在新零售背景下,以大数据、高端技术为依托,以线上和线下渠道有机结合为特征建立的"移动互联网线上平台+线下生鲜店+自营物流"的模式。它以 B2C 生鲜产品为切入口,打造以高质量、高新鲜度、高口碑为特征的生鲜产品,以此增强顾客消费黏性,从而为顾客提供更多的非标准、特色化的体验服务。刘元华、马贝贝(2019 年)认为它的经营体系主要可分为三部分:线下生鲜社区店、线上 APP 购物、合适的配送人员。

李鋆睿(2018 年)认为既涉及线上又涉及线下的 O2O 模式,与其他模式相比,不同之处有四点:第一,从用户层面考虑,这一模式可以加强顾客在使用产品过程中的主观体验,主要指积极的主观感受。这种模式会得到店铺的大力支持,为消费者获取全面的产品和服务提供便利,同时也能在消费者购买生鲜时提供直接的环境体验。第二,它也是改善甚至解决生鲜产品物流配送问题的有力武器。这主要是因为 O2O 模式的前提是采取该模式的企业等在店铺布局方面会优先考虑顾客的需求,体现在实际中就是店铺往往分布在距离主要客户群较近的地方。在这一基础上,顾客可选择的配送方式就更多样化了,他们既可以出于便利性选择上门提货,又可以选择物流配送。第三,这种模式更是生鲜电商和顾客这两大主体加强互动的关键点。在这种模式下,生鲜实体店是生鲜电商与顾客交流的平台,借助这一平台,企业可以展示产品文化与品牌形象,顾客可以反映问题,商家与顾客的距离得以拉近。第四,出于企业盈利的根本目标,该模式当然对增加销量、扩大生鲜产品的销售规模有极大的作用。从该模式的概念出发,"线上线下"的结合,意味着商家可利用的渠道更多样,它们既可以在公众号等线上平台上发布各类相关产品的价格、数量、产地等信息,更可以在线下与顾客面对面交流,进一步拓宽自身的销售渠道。

(三)生鲜电商 3.0 时代

从生鲜电商 1.0 时代到 2.0 时代,又从 2.0 时代到 3.0 时代,生鲜电商产业的重心在发生着变化。3.0 时代生鲜电商的重点是品牌化与差异化的建设,这一重点转变的实现体现在生鲜电商与第三方物流的合作上。在 3.0 时代,生鲜电商的相关企业会进行品牌化建设,主要涉及产业链和产品品质,比如完善产业链和供应链两大"链条",建立生鲜电商产品品质控制和回溯体系。同时,它们又会通过新渠道、新措施来降低成本,比如采取与超市、便利店进行线上线下合作的方式,或采用 C2B 的社区直供模式。王子建(2018 年)认为随着 3.0 时代的不断发展,各大生鲜电商的商家、企业及消费者慢慢意识到未来生鲜的发展方向将是品牌化、社区化与 O2O 的融合,而实现这一融合的关键则是供给端和需求端的双向改造。

供给端改造,要求实现"品牌化+标准化"。品牌化是赋予价值的过程,是指通过一些载体来代表生鲜产品,深化其价值。对生鲜产品来说,品牌化就是一种能将其区别于竞争者的现实标识。能够实现这种品牌化的简单操作就是给每个生鲜产品匹配对应的二维码,二维码对生鲜产品的意义就相当于身份证对于我们的意义,是一种身份的象征,更是一种品牌的代表。在生鲜电商不断发展与政策不断完善的过程中,生鲜产品的二维码,将是验证其安全性与真伪性的关键,是对产品追根溯源的手段。

仅对供给端进行改造是远远不够的,需求端也需进一步改造升级。需求端改造,要求实现 C2B＋O2O。在需求端改造中,C2B 预售模式是一大特色,这一模式是目前大家公认的主流销售模式。正是这种模式的成功给供给端的品牌建设助力,因为 C2B 预售模式对降低成本,包括物流配送成本与生鲜产品的损耗成本具有关键性作用。但需求端改造仅靠 C2B 预售模式也是远远不够的,需结合 O2O 模式共同发展。C2B 预售模式是为了降低成本,O2O 模式是为了抢占"最后一公里",两者结合能更高效地促进生鲜电商的发展。

二、生鲜电商盈利模式和经营模式

(一)生鲜电商盈利模式

李洁(2018 年)认为生鲜电商的盈利模式主要有四种,分别是 B2C 盈利模式,F2C 盈利模式,C2F 盈利模式和售前、售中、售后结合的盈利模式。B2C 盈利模式是我国现阶段的主流盈利模式,其发展主要经历三个阶段:起步阶段、探索阶段和发展阶段。该模式在用户流量和品牌信誉度等方面有强大的优势,但是其在生鲜农产品品控、物流损耗和最后一公里的配送上并没有太多的优势。而 F2C 模式是农场和顾客直连的一种模式。生鲜电商为获得价格优势,提升盈利能力,需与上游供应商深度合作,将生鲜产品的上游生产农场与终端消费者有机结合,为消费者提供高质、新鲜的生鲜农产品,具有削减中间环节,降低品控成本等优势。至于 C2F 模式,则是客户对农场的盈利模式,凭借降低品质控制的成本和提高生鲜电商产业链的运作效率而受欢迎。这种模式是客户先借助生鲜电商平台了解生鲜产品的详细信息,然后通过批量订单的方式同上游的种植农场进行合作,农场再根据客户订单进行生鲜产品的种植和生产,最终将成品交付到客户手中。最后的售前、售中、售后结合的盈利模式,则是可有效挖掘消费者价值、拉近同消费者的距离,并最终提高消费黏性的模式。在售前阶段,生鲜电商通过收集消费习惯等信息,初步了解消费者的基本需求,针对性地提出定制化方案,同时充分利用各渠道进行相关生鲜产品知识的普及与教育,以此拉近与消费者的距离;在售中阶段,生鲜电商跟进物流信息,及时向消费者进行反馈,与消费者分享生鲜产品的食用和搭配信息,进一步刺激其他产品的销售;在售后阶段,积极回应消费者反映的问题,快速协调退换货事宜,努力实施补救措施,提升消费者满意度和购物体验。

（二）生鲜电商的经营模式

商业模式是各方主体的交易关系与连接,而经营模式则是企业实现商业模式中价值定位的一类具体方法。目前,生鲜电商行业的经营模式主要有平台型生鲜电商模式、垂直型生鲜电商模式和实体门店网上销售模式这三类。雷芳芳、林荟（2019 年）指出平台型生鲜电商模式的主要特点是流量大、物流稳,能够实现这两大优点的关键则是商家入驻平台。而其缺点体现在两个方面:一方面,用户无法快速识别该模式下电商产品质量的优劣;另一方面,入驻平台的费用高,商家间的竞争主要采用价格战的方式,很难体现产品特色与品牌差异。周明（2017 年）认为和平台型生鲜电商不同的是,垂直型生鲜电商不仅关注用户带来的流量,更关注果蔬肉等生鲜产品的供应。为了更好地实现这一目标,采取该模式的主体专门为生鲜这一类产品提供特定的销售服务。虽然这一模式需要高投入并且获得的利润较低,但专注带来的区域限制也意味着它能严格控制产品质量,提供优质安全的产品与短而精的服务。这样的模式主要适合以对生鲜品质高要求的中高收入人群为目标市场的生鲜电商企业,比如"易果生鲜""天天果园""本来生活"等。雷芳芳、林荟（2019 年）认为实体门店网上销售模式,是指当地水果店、超市等门店借助 APP、微信公众号等平台,拓宽消费者来源,从而形成的顾客"线上下单,线下消费"的新模式。基于此,便可以保证配送的便利性与产品的高质性,缺点是门店可提供的生鲜产品种类比较少、服务模式比较僵化,不能全面满足顾客的需求。

第二节　生鲜电商商处模式的三次变革

　　按照生鲜电商行业的发展阶段,并结合其商业模式和物流模式的发展,可以将生鲜电商的商业模式分为"以 B2C 为导向的垂直型生鲜电商"的 1.0 时代、"线上线下协同的'新零售＋前置仓模式"的 2.0 时代和"多种商业模式混合经营"的 3.0 时代。每个时代在商业模式和物流模式上都有巨大的改进,弥补了前一时代的不足。

一、生鲜电商 1.0:以 B2C 为导向的垂直型生鲜电商

(一)物流模式:源头统一仓储＋冷链＋城配

　　2005 年易果生鲜成立。该平台以售卖中高档食材为主,采取大仓直送的模式。易果生鲜以货源地直采和高效的冷链配送系统闻名,它的成功在很大程度上依靠其自身高效的冷链配送系统。安鲜达从易果生鲜创立伊始就作为其物流部门从事生鲜冷链运输、宅配工作。随着市场需求、企业战略的调整,于 2018 年正式转变为物流公司;同年 5 月,易果集团又推出"驯鹿冷链"。与安鲜达不同的是,驯鹿冷链依托于冷链仓储和运输技术专注于干线的冷链物流配送。在供应链方面,易果采取了源头统一仓储,通过驯鹿冷链配送至片区仓储中心,再由安鲜达物流进行城配至消费者手中的方式。

　　同在物流方面具有丰富经验的还有另一家企业——顺丰集团。与易果生鲜不同的是,顺丰集团的主业为物流配送,是在生鲜电商爆发后才于 2012 年加入生鲜电商行业。顺丰作为我国物流行业的领军企业,凭借着优秀的物流系统于 2012 年推出了顺丰优选。2013 年顺丰将常温商品铺设到了上海、深圳、广东等一线城市,并且在天津增设了冷链配送服务;顺丰优选一开始就瞄准了中高档生鲜在电商行业的空缺,进入了生鲜电商的 B2C 领域。其利用顺丰的物流技术,在商品的源头直采,利用航空运输直达城市中心仓,再由团队城配至消费者手中。

　　生鲜电商 1.0 时代平台的配送模式多为:由原产地仓库运输至片区仓储中心、再由自身或第三方城配团队配送至消费者手中。在该阶段,平台所打出的口号为"次日达"。

（二）弊端次日达，不适合生鲜商品消费频次高的特点，高频市场未被开发

与国外不同的是，中国人普遍不喜欢从冰箱中取出的食材，当日食材当日购买是中国生鲜市场的特点。因此，总的来说，我国的生鲜市场具有高频、刚需的特点。结合客单价与消费频次考虑，该阶段的客单价普遍较高，但消费频次低。在生鲜电商 1.0 时代，各大平台提供的普遍为"次日达"业务。在该阶段，在生鲜网购用户的消费行为中，水果是用户购买频率最高的品类，最常购买品类为水果的用户约占总用户的三成。其次为乳制品和蔬菜。消费者只愿意在网上购买不着急食用的水果，而日常生活中需要每日消费的日消品，如海鲜、肉制品、蛋类、蔬菜等却不经常通过此途径购买。

此阶段的生鲜电商只挖掘了生鲜市场的水果和部分生鲜板块的市场，消费者高频购买的蔬菜、水产和肉禽蛋市场板块尚未完全开发。

二、生鲜电商 2.0：线上线下协同的"新零售、新场景"

（一）商业模式：新零售

我国在生鲜电商 2.0 时期初期照搬了国外的 O2O 模式，但是经过了 2～3 年的磨合以后，越来越多的平台发现光靠 O2O 模式是行不通的，经过几年的运营实践后又提出了建立在 O2O 基础上的、依托互联网和物联网技术、通过大数据分析和场景营销等模式将线上消费与线下体验深度融合的"新零售"模式。此后类似于"新零售＋前置仓"模式被越来越多的平台所接受。

（二）物流模式：前置仓＋城配

在生鲜电商 2.0 的模式下，"前置仓＋城配"的模式似乎成了解决"最后一公里"问题最为有效的方法。每日优鲜等平台纷纷采取该种方式来布局自身的供应链，以打通末端物流解决"最后一公里"的问题。

每日优鲜是一个成立于 2014 年，围绕着老百姓餐桌的 O2O 生鲜平台。2015 年，每日优鲜的第一个前置仓在北京望京开业，前置仓模式的实质为建立在"城市分选＋社区前置仓"基础上的呈二级分布的仓储体系。前置仓是每日优鲜在 2.0 时代的重大优势之一。每日优鲜根据 App 上的订单做出分析，在订单密集的商圈和社区附近建立前置仓，每个前

置仓都辐射到附近 3 千米的范围,将商品从"次日达"变为了"30 分钟到家"。

生鲜电商 2.0 时代平台的配送模式多为:由原产地仓库运输至片区仓储中心,再由片区仓储中心通过冷链运输至前置仓,最后由自身或第三方城配团队配送至消费者手中。在该阶段,平台所打出的口号由 1.0 模式的"次日达"转变为"30 分钟到家"。

(三)与 1.0 时代相比仓储前置、由"次日达"演变为"30 分钟到家",解决"最后一公里"问题 "最后一公里"问题一直是生鲜电商的痛点。解决该问题不但可以降低企业物流成本、提升物流效率和消费者满意度,更是可以提升企业的商业价值。

第一,末端物流成本降低、物流效率提升。

与生鲜电商 1.0 时代相比,在 1.0 时代商品片区储存中心运送至消费者手中一般采取冷藏车配送;而 2.0 时代,配送范围局限于以前置仓为中心的 3 千米范围内,配送员只需要骑电瓶车派送。企业在供应链末端的成本大大降低。

第二,商品品质得到保障。

在 1.0 时代,为了降低冷藏车运输成本,物流会将不同商品共同储存进行沿途配送,生鲜商品品类繁多,冷藏冷冻混装以及冷链运输时间较长,会在很大程度上影响生鲜品质;2.0 时代派送员只需在前置仓辐射 3 千米范围内进行配送,"30 分钟到家"意味着生鲜从前置仓出发到到达消费者手中最长时间不会超过 30 分钟,冷链断链的风险和时长大大减小,商品品质得以保证。

三、生鲜电商 3.0:多种商业模式混合经营

生鲜电商企业经历了数十载的发展之后,也逐渐找到了适合自身发展的商业模式。现阶段,生鲜电商中 B2C 模式的竞争较为激烈,以新零售和 O2O 为代表的模式的终端都为顾客,而 B2B 和 C2B 等模式却相对较少被提及。近几年来,易果生鲜正在进行战略转型由 B2C 向 B2B 转变。易果生鲜通过与阿里和苏宁进行合作,一方面,获得天猫超市生鲜板块和苏鲜生的独家运营权;另一方面,更是获得了充足的资金。易果集团的融资使得易果建立起了商业壁垒,为日后的"深耕物流、全渠道、

供应链"的建设提供资金保障。

此外,以食享会、考拉精选为代表的平台开启了生鲜团购活动,将商业模式转变为 C2B,整合客户资源通过增加交易规模的方式来降低物流成本;百果园、永辉等老牌生鲜商超,通过自营或与第三方合作的方式转型为线上线下同步经营。

在生鲜电商 3.0 时代,各企业会逐渐形成自身擅长的商业模式进行深耕,生鲜电商商业模式逐渐多元化,各种商业模式并存。但不论平台采用了何种商业模式,其最终都是为了降低物流成本和提高消费便捷性与用户体验。

第三节　生鲜电商产业经营壁垒

一、食品安全问题频发、商品品质难以把控

冷链系统与商品品质直接相关,冷链发展缓慢将直接制约生鲜电商行业的发展。食品安全问题频发和商品品质难以把控与我国在冷链系统上的标准化程度低、流通主体广、断链问题严重都有着密不可分的联系。

(一)冷链标准化程度低,商品品质难以称心

生鲜电商企业在仓储、运输以及销售过程中的标准化在很大程度上依附于冷链系统的标准化。在日本,以网纹瓜为例,在商品的品质、冷链的温度等方面都有相应的标准。准确来说,冷链系统并不意味着将温度降到足够低,而是如何将温度保持在最为适宜的温度,不同的生鲜单品对温度和湿度的要求不同,因此储存要求也不同。此外,不同的生鲜所散发出来的气味等物质也不同。以香蕉和苹果为例,若将香蕉与苹果一同储存,苹果所散发出来的乙酸乙酯会将香蕉催熟,不利于香蕉的储存;若将水果与肉制品等一同储存也会造成串味的问题。因此,只有将具有自然属性的生鲜通过标准制定转变为标品,企业在储存、运输和销售过程中所投入的成本才可以下降。

此外,生鲜属于高损耗商品,除去不当的供应链环境对商品造成影响以外,商品自身的属性也会使商品过熟腐烂。商家为了降低生鲜商品

的腐损率,不得不在生鲜的源头上大做文章。同类生鲜,来自不同品种和产地对冷链的要求也不一样。以樱桃为例,5~6月上市的早熟樱桃,因为生长期较短而不耐贮藏;而6月下旬上市的晚熟樱桃因为生长期较长,果肉密度较大,果皮不易破损,适合储存和运输。此外,产地对樱桃的品质也有巨大的影响。受光照和温差的影响,乌兹别克斯坦、智利等地的樱桃肉质要更加紧实,相较于我国国产樱桃更加适合储存和运输。因此,企业在运输不同产地品种的商品时,必须要制定相应的标准才可以降低腐损率,减少对商品品质的损害。

（二）生鲜行业SKU多,商品流通主体广,冷链断链问题严重

受我国国土面积以及生鲜原产地的限制,我国的生鲜电商存在着流通主体分布过广的问题。其售卖的商品种类超过3000种,货源地更是遍布全球103个国家。其售卖的红毛蟹来自俄罗斯、龙虾来自波士顿……流通的范围之广可想而知。

流通范围的扩大,一方面加快了冷链运输的时长,另一方面也对冷链运输的方式提出更高的要求。过长的冷链体系使得冷链运输环节变得复杂,并随之而来的就是冷链断链风险的加大—商品数量越大、流通环节越多,工人在处理商品时所花费的时间越长,断链风险随之增加。冷链断链所造成的伤害是不可逆的,不仅会使商品的品质下降为企业在金钱上造成损失,更有可能滋生细菌,对消费者的健康造成威胁。

在商品从收获到送上餐桌的过程中,断链可能会发生在各个环节。一件商品在收获后到进入冷库的过程中,若处理不及时就会发生腐烂、破损的状况。冷库出库到装车、冷藏车在运送的途中、送达分选中心进行加工分选、由城配人员配送至消费者手中,这些环节无一不面临着冷链断链的问题。

二、重资产壁垒、小型企业扩张难

生鲜电商作为一种重资产行业,其在前期的冷冻仓储的建设、冷链的搭建以及线下商店和前置仓的搭建都需要大量的资金;并且企业想要获利就必须不断地投入资产。根据中国电商网的数据,仅2016~2017年之间共有14家生鲜电商平台因为资金问题而停止运营。

（一）实现线下"占位优势"需要大量资金供给

生鲜商品难以做到差别化，且各平台目标用户高度重合，在前置仓覆盖范围内，目标用户数量有限。因此，在建立前置仓时具有"占位优势"。

现如今生鲜电商行业竞争激烈，不少平台都选择通过烧钱模式来扩张规模。京东的7FRESH、每日优鲜、苏鲜生等平台也开始了"新零售＋前置仓"的模式。依附于阿里、腾讯以及京东的生鲜电商的资金链相对宽松，而其他没有归属于这三大巨头的生鲜平台在融资上相对困难、扩张进度也相对缓慢些。

想要搭建前置仓绝非易事。建立前置仓这种对资金链要求较高的扩张模式，使得不少平台在创业前期就失去了活力。前置仓的搭建需要一笔巨大的资金，而这些资金的回账周期一般在5~8年，资金支出巨大、回账期长，对于资金链紧绷的企业来说是一个巨大的考验。因此，众多的生鲜平台都由于资金不足而难以搭建足够的前置仓，最终失去竞争优势而退出市场。

（二）生鲜电商环节多，营运成本巨大

在生鲜电商行业中，商品通过冷链运输、定重、包装最后到达消费者手中，在冷链物流、仓储设施、配送费用以及货品损耗四个方面都会产生巨大的成本，部分商品其最终成本是出现在普通菜市场中的生鲜价格的2倍。

1.冷链物流

现阶段，各大生鲜电商平台的冷链大体上可以分为"自营物流"和"第三方物流"两大类。选择"自营物流"的企业在前期投入成本非常大，在冷藏车、空运飞机等运输设备上均需要巨大的资金投入；选择"第三方物流"的企业不需要自己构建物流配送模式。但现阶段市场上拥有完善的冷链物流配送体系的公司并不多，市场需求并不能得到满足，企业需要支付给第三方公司的价格并不低。

2.仓储设施

生鲜电商企业离不开大型冷库、冷藏车等带有冷藏功能的基础设施，企业在前期建设基础设施上需要投入大量的资金。而这些资金的回收期通常在 5～8 年,投入产出严重失衡。此外,基础设施的建设与公司的发展战略息息相关,存在信息不匹配风险。若仓储设施在选址、容量等方面出现失误,企业的运营成本还会增加。

3.货品损耗

货品损耗会发生在运输和商品分拣包装两个过程中。中国电子商务研究中心的监测数据显示,我国的生鲜在运输过程中的货品损耗率高达 20％～30％,高于发达国家 1.7％～5％ 的水平。此外,在最终的分拣包装阶段,也会将一部分商品淘汰。在整个流程之后,最终得到的可以到达出售品质的商品只占采购商品的 65％～75％,成本大大增加。

三、溢价水平不高,盈利难

据统计,全国 4000 多家生鲜电商平台中,仅有 4％ 的平台投入产出持平,88％ 亏损,7％ 巨额亏损,而最终实现盈利的只有 1％。

生鲜电商企业,由于生鲜商品的自然属性,使得该行业具有同质化严重,普通商品溢价不高的特点。这两大特点也是造成生鲜电商行业盈利难的主要原因。

(一)商品同质化严重、消费者重价格以及商品品质轻品牌

生鲜类电商平台的主营商品都离不开水果、海产、肉制品、蛋类和蔬菜这几类。该类商品虽然也有品牌之分,但消费者的关注点一般都在商品品质以及价格品质上,没有多少人在去买菜时会关注这批小青菜的牌子是什么,这些鸡蛋来自哪家企业。生鲜商品非标品的特性使得商品同质化严重。若与其他平台比商品质量,提高商品质量就意味着需要投入更高的成本,获利就会相对减少。

(二)价格优势难以捕获

在现阶段的生鲜电商行业中,各企业尚且处于摸索阶段,“一家独大”现象尚未形成,行业竞争较为激烈。在各大平台之间,往往会采取价格战的方式来提高竞争优势。并且,生鲜电商的竞争者不光只有同类型的生鲜电商平台,还有普通的农贸市场。在生鲜电商领域,商品的成本往往都较高,若在一般生鲜商品上创造相对较高的商品溢价,与普通的农贸市场相比就会失去优势。因此,生鲜电商受成本的影响,想要获得价格优势是十分困难的。现阶段的平台为了提高竞争优势经常会给平

台用户以及供应商发放补贴,用户在享受完补贴后的价格水平一般低于线下采购。

在普通的日消品上,各大平台受传统农贸市场的限制并不能创造很好的溢价水平,商品溢价主要来自中高档生鲜商品以及餐饮服务的附加价值。

第四节　季节性、区域性生鲜成为各平台争相加入的领域

随着社会的发展,人们已经由吃得饱向吃得好转变,过去鲜有人问津的中高档生鲜也逐渐走向大众的餐桌。2019 年,网络上不断涌现出与水果有关的新兴词语,比如"车厘子自由""荔枝自由"。由此可见,大众对生鲜水果的需求已经不再局限于普通的水果,诸如西瓜、苹果、橘子等,而是向更高层次的中高端水果迈进。

受冷链物流的限制,过去优质的季节性、区域性生鲜商品只能采取线下的方式在原产地周边城市售卖,随着冷链技术的发展,越来越多的生鲜电商企业和冷链物流企业争相加入中高端季节性、区域性生鲜之争。在过去的几年中,顺丰优选、易果生鲜、京东生鲜、每日优鲜等平台都加入了时令水果和生鲜的行业中来。此外,上述企业都与全球各地的生鲜产品供应商签订了合作协议。

该类生鲜商品的特有属性——季节性、区域性,是企业得以实现商品溢价的主要途径。但也正是这两大特性对企业在供应链方面提出了更高的要求。

一、出售中高档季节性、区域性生鲜成为企业实现溢价的最优途径

在生鲜电商行业,除了日常消费品之外,绝大部分的生鲜都会受季节和产地的影响,这类季节性生鲜商品除了大闸蟹之外还有车厘子、橙子、榴莲、猕猴桃等。此外,与海鲜、肉禽蛋相比,水果受季节和产地的影响尤为显著。季节性、区域性生鲜水果往往都是各大平台争抢的主要目标,因为该类商品国内市场需求较大,但在其原产地却可能并不热销,生

鲜电商企业利用这种信息不对称以及高效的物流,从国外采购大批量季节性水果,然后在国内以合适的价格出售以实现商品溢价。

以樱桃为例。在樱桃界有一种贵族叫车厘子,而在网络上有一个词语叫作"车厘子自由",因为车厘子昂贵的价格,人们并不能放开肚子大吃特吃,但在智利当地车厘子的价格折合成人民币却不到 3 元/斤。智利早在 2008 年就与我国签订了议定书,车厘子获批进入我国市场。除了智利之外,与中国生鲜平台签订合作协议的国家还有美国、乌兹别克斯坦、土耳其、加拿大等国家。并且受原产地的影响,中国的消费者一年四季的绝大部分时间都可以吃到来自全球各地的车厘子。

除了车厘子,我国的山东大樱桃也是生鲜电商平台争相采购的品种之一。山东作为我国樱桃的主要产地,其樱桃的市场批发价大概在 10 元/斤,从山东发往江浙沪的运费约为 8 元钱/斤,发往京津冀为 7 元钱/斤,但在各大平台上的均价为 50 元左右/斤。除去仓储和人工成本,各平台在山东大樱桃上的溢价相较于普通商品还是十分可观的。然而进口车厘子,根据品级的不同价格在 90~200 元/斤不等,而其在原产地的批发成本甚至比国内的大樱桃还要便宜。因此,当有国外的车厘子可供采购时,各大出售樱桃的平台还是普遍更愿意采购国外的车厘子。

除了车厘子之外,中国的榴莲大都从泰国和马来西亚进口,橙子则来自澳大利亚,猕猴桃则来自新西兰和智利。受产地的影响,这些进口水果的品质远远好于中国自产,且采购价格又远低于在国内采购。因此,随着冷链物流和国际航空的发展,物流能力显著提升,从国外采购优质的季节性水果成为各大平台的不二之选,也是实现商品溢价的最优途径。

二、对季节性、区域性生鲜商品基于供应链的分析

(一)原产地对生鲜品质的影响大

生鲜具有自然属性,其与一般商品的不同之处在于生鲜商品的品质受产地的影响非常大。以樱桃为例,在我国普遍将进口樱桃称为车厘子,而国产的中高档樱桃则称为大樱桃。智利和乌兹别克斯坦的车厘子受阳光和温度的影响,在肉质方面比国产的大樱桃要紧实很多;此外其果皮较厚,果粒较大。这些特性是智利和乌兹别克斯坦当地的地理环境

所赋予的,也是通过其他手段所达不到的。也正是这些特性使得智利和乌兹别克斯坦的车厘子在口感上更好,在冷链运输上的腐损率也更低。

（二）在商品品质方面把控严格

因为会购买中高档生鲜的消费者往往对商品品质的要求较高,其不同于一般的日消类生鲜商品,各大平台在出售时往往会经过精心挑选和包装。其实,不光在销售阶段,在供应链的每一阶段,各大平台对该类商品品质的把控都是十分严格。在采购阶段,企业往往会制定各种准则将商品挑选、分级和包装;在冷链物流阶段,企业会制定不同的准则,包括冷链保鲜方面的准则、储存的准则、配送的准则等,以求将商品高质量地送到消费者手中。

（三）采取空运等方式确保运输效率

随着国际航空的发展,我国现阶段进口生鲜多采用空运的方式。一批车厘子从树上摘下、分拣装箱后乘坐国际航空来到我国,再进入各大生鲜平台的仓库中最快只要不到一天的时间,最慢也不会超过两天。而在我国国内,高铁的快速发展也为我国的冷链物流增添了动力。在 2018 年,中国铁路总局与顺丰集团达成了合作,组建了中铁顺丰。除了我们熟知的山东大樱桃之外,草莓、苹果、杨梅等季节性、区域性的水果也通过高铁从原产地运往了全国。

在现阶段,冷链物流系统的中间环节——企业从原产地运送至各片区仓,已经发展得较好。哪怕是进口商品运输时长通常也不会超过 48 小时。高效的冷链运输体系,在降低腐损率和成本、提高商品品质方面具有重要意义。

（四）企业通过货源地直采和冷链物流的规模效应来降低成本

生鲜电商平台在源头成本相同的情况下,想要在供应链终端创造出比其他平台更多的消费溢价是十分困难的。因此,想要创造出更多的商品溢价实现盈利就要在货源上控制成本。通过与原产地供应商直接合作,商家只需将水果采摘分拣后交给各平台即可。平台自行进行包装,其收购成本大大降低,又可以实现商品源头的标准化,为降低冷链物流的成本做准备。

此外,生鲜电商离不开冷链物流,而冷链物流具有规模效应,大批量订单的优势不仅体现在成本控制上,更是体现在仓储、冷链物流等固定费用的摊销成本上,适当增大规模可以降低每件单品的平均成本。但一味地追逐规模效应也是不可取的。以顺丰为例,其虽有强大的物流能力,但其用户消化订单的能力远不及京东和天猫。

总的来说,企业想要控制成本可以从货源采购和冷链物流两个方面来实现;并且从中高档季节性、区域性生鲜商品来看,该类商品在原产地售价并不高,甚至会出现没有人买的情况;而通过其他途径收购,采购成本就会非常大。因此,对于该类生鲜商品来说,采购方式对成本的影响巨大。

三、总结

中高档的季节性、区域性生鲜因为其可以产生较高的商品溢价,已经成为各大平台争相加入的领域。但该类商品的货源地对采购成本和商品品质的影响很大,因此,对企业供应链的要求很高。企业想要以较少的成本取得优质的货源,就必须采取货源地直采的方式;并且在采购的成本上要根据企业自身的状况进行调整,以寻得适合企业状况的采购规模,避免少量多次采购和积货等情况的发生。此外,该类商品的目标群体一般对商品品质的要求较高,因此企业要在供应链的各个环节做好商品品质方面的把控。最后,我国现阶段冷链体系的中间环节—货源地运送至片区仓,已经比较完善,企业应该将重心放在"最后一公里"的配送问题上。

参考文献

[1]翟彬.农业产业化对农户生计的影响研究[M].北京:中国经济出版社,2021.

[2]余欣荣,梅旭荣,杨鹏.农业产业绿色发展生态补偿研究[M].北京:科学出版社,2022.

[3]王敬丽.农业产业化与乡村一二三产业融合发展[M].天津:天津科学技术出版社,2022.

[4]薛蕾.新时代三农问题研究书系农业产业集聚对农业绿色发展的影响研究[M].成都:西南财经大学出版社,2022.

[5]宫晓波,肖广江,洪建军,等.乡村振兴促进广东省农业产业转型升级发展研究[M].北京:中国农业出版社,2021.

[6]陈慈,陈俊红,龚晶.农业产业融合发展的理论与实践[M].北京:中国经济出版社,2020.

[7]段博俊,段景田.农业产业化发展研究[M].北京:中国农业出版社,2020.

[8]林卿.生态农业产业集群发展研究:基于福建省案例分析[M].北京:经济科学出版社,2020.

[9]徐嘉祺.农业高新区和农业高新技术产业发展研究[M].北京:中国社会科学出版社,2019.

[10]朱朝枝,曾芳芳.农业多功能性与产业发展[M].北京:中国农业出版社,2018.

[11]林涛.县域农业特色产业创新发展与政策研究[M].北京:科学技术文献出版社,2018.

[12]王茜,孟宪文,(美)朴清.乡村振兴战略与现代农业产业化[M].北京:中国农业科学技术出版社,2019.

[13]张春华.乡村振兴背景下农业产业化组织形式研究[M].北京:经济科学出版社,2021.

[14]王云峰.农业区域专业化与产业组织创新[M].广州:广州出版社,2021.

[15]段博俊,段景田.农业产业化发展研究[M].北京:中国农业出版社,2020.

[16]杨闯.乡村产业化与创业型职业农民培育[M].上海:上海财经大学出版社,2020.

[17]汪艳阳,莫建军,李文宝.生态农业产业化模式与效益研究[M].咸阳:西北农林科技大学出版社,2018.

[18](法)A.韦策尔编;王丽丽,王慧,李刚,修伟明,张艳军译.生态农业原理与实践引领面向可持续农业的系统转型[M].北京:科学出版社,2021.

[19]兰菊萍.浙江智库生态农业食品安全与生态文明的联动发展研究[M].北京:中国农业出版社,2021.

[20]吕娜.生态循环农业模式及其保障机制研究[M].北京:中国农业科学技术出版社,2021.